μετωνυμίες

VII

Zum Buch: Angesichts von Herausforderungen wie massiven Gefährdungen der Demokratie durch Expertokratien steigt Arendts Denken zur gegenwärtig wegweisendsten politischen Philosophie auf. Aus der Erfahrung des Antisemitismus, von Vertreibung und lebensgefährlicher Flucht geboren, fußt es auf der Analyse des Totalitarismus, der sich im normalen gehorsamen Menschen realisiert. Das entlarvt die Normenethik als Untertanenethik und ruiniert Arendts Ruf: Welches politisches System stützt sich nicht auf den Untertan! Das reiht sie neben Sartre, de Beauvoir, Foucault, Derrida und Butler unter die bösen Philosophinnen ein, die Diktatur, gelenkter, repräsentativer oder ökologischer Demokratie die Mündigkeit der Bürgerinnen entgegenstellen. So heißt denn Politik für Arendt Kommunikation in der Öffentlichkeit, die von den Bürgerinnen ausgeht, die in die öffentlichen Angelegenheiten eingreifen. Das führt zu einem partizipatorischen Verständnis von Demokratie als Involution, keinem elitären, entsteht Macht nicht durch Gewalt, sondern Kommunikation. Da die Bürgerinnen einzigartig sind, was jeder Gesellschaft eine pluralistische Struktur verleiht, kann es keine festen ethischen und politischen Orientierungen mehr geben. Vielmehr braucht die Bürgerin Vorstellungs-Reflexions- und Urteilskraft, worüber die Gehorsamen gemeinhin nicht verfügen. Ergo geht es um politische Freiheit, die heute umso gefährdeter erscheint.

Hans-Martin Schönherr-Mann ist Prof. für Politische Philosophie an der Univ. München, Gastprof. seit 2004 häufig an der Univ. Innsbruck, Eichstädt, Regensburg, Venice International Univ, Torino; Bücher: *Nietzsche – Leben und Denken*, Römerweg 2020; *Dekonstruktion als Gerechtigkeit – Jacques Derridas Staatsverständnis und politische Philosophie*, Nomos 2019, *Michel Foucault als politischer Philosoph*, Innsbruck University Press 2018; *Untergangsprophet und Lebenskünstlerin – Über die Ökologisierung der Welt*, Matthes & Seitz Berlin 2015; *Albert Camus als politischer Philosoph*, IUP 2015; *Was ist politische Philosophie*, Campus Studium 2012; *Die Macht der Verantwortung*, Karl Alber 2010; *Der Übermensch als Lebenskünstlerin – Nietzsche, Foucault und die Ethik*, MSB 2009; *Miteinander leben lernen – Die Philosophie und der Kampf der Kulturen*, Piper 2008; *Simone de Beauvoir und das andere Geschlecht*, dtv 2007; *Hannah Arendt – Wahrheit, Macht, Moral*, C.H. Beck 2006; *Sartre – Philosophie als Lebensform*, C.H. Beck 2005

Hans-Martin Schönherr-Mann

Arendt
als
politische Philosophin

μετωνυμίες
VII

Bibliografische Information der Deutschen Nationalbibliothek: Die Deutsche Nationalbibliothek verzeichnet diese Publikation in der Deutschen Nationalbibliografie; detaillierte bibliografische Daten sind im Internet über dnb.dnb.de abrufbar.

Herstellung und Verlag:
BoD – Books on Demand, Norderstedt

ISBN 978-3-7519-0718-7

Für Irmi

INHALT

„Kein Mensch hat das Recht zu
gehorchen." (Hannah Arendt)

VORWORT

ARENDT UND DIE POLITISCHE PHILOSOPHIE

Eine politische Philosophin zu sein, lehnte Arendt ab,
wollte sie lieber politische Theoretikerin genannt werden.
Politische Theorie beschränkt sich auf den politischen
Diskurs, der mit Platons *Politeia* und der *Politik* des Aristoteles anhebt, dessen wichtigste Stationen Machiavellis
Il Principe, Hobbes *Leviathan*, Lockes, *Second Treatise
of Government*, Rousseaus *Du contrat social*, Hegels
Rechtsphilosophie und John Rawls *A Theory of Justice*
sind. Dabei geht es um die Legitimität des Staates, um die
Technik von Herrschaft und um die politische Freiheit
des Individuums.

Das sind natürlich auch Themen der politischen Philosophie, so dass man die politische Theorie als eine Art
Subdisziplin bezeichnen kann. Die politische Philosophie
stellt zudem Bezüge zu praktisch allen anderen geistes-
und sozialwissenschaftlichen Bereichen her. Genau das
aber hat Arendt mit ihren Werken unternommen, beschränkt sie sich gerade nicht auf den engen Bereich der
politischen Theorie.

Mit ihrem Spätwerk *Vom Leben des Geistes* verbindet
sie das politische Denken mit der Epistemologie, der
Erkenntnistheorie und der philosophischen Anthropolo-
gie. Das Werk ist zugleich das Pendant zu *Vita activa*, in

dem sie zwischen Ökonomie, Technikphilosophie und der politischen Philosophie vermittelt. Ihr politisch philosophischer Ausgangspunkt, der ihr gesamtes Werk durchzieht, bleibt die Rolle von Kommunikation sowohl in der Zwischenmenschlichkeit als auch in der Politik.

Ihr wegweisendstes Buch verbindet die politische Philosophie mit der Ethik, nämlich *Eichmann in Jerusalem – Ein Bericht von der Banalität des Bösen*. Es hat ihr nicht von ungefähr überall den Ruf verdorben, denn nicht nur dass sie die Normenethik als Untertanenethik entlarvt, brauchen doch praktisch alle politischen Strömungen den Untertan, den sie durch die Normenethik motivieren wollen, die aber nicht als Untertanenethik erscheinen sollte. Vielmehr soll sie als freiwillig verstanden werden, wie sie sich Kant auch ursprünglich vorstellte. Doch aus Pflicht als etwas Freiwilligem machte das militarisierte 19. Jahrhundert einen Zwang. Ähnlich wie Machiavelli verrät, wie die Technik von Herrschaft funktioniert, nämlich dadurch dass sie den Bürgern Angst macht, um sie zu lenken – das wirft ihm Leo Strauss vor –, so verrät Arendt das Geheimnis der politischen Ethik, nämlich dass sie gerade nicht der Freiheit entspringt, vielmehr diese zerstört und die Unfreiheit als Freiheit ausgibt.

Es verwunderte mich nicht, dass ich 2015 auf einer Wiener Tagung mit Ágnes Heller, Schülerin von Georg Lukács aneinander geriet, die das Eichmann-Buch disqualifizierte. Wer vom Marxismus kommt, muss sich noch lange nicht mit der liberalen Mündigkeit der Bürgerinnen arrangiert haben. Und Heller lehnt auch Arendts philosophisches Spätwerk ab, das in vieler Hinsicht die philosophische Begründung ihrer Ethik-Kritik liefert, d.h. auch dafür, dass der Untertan nicht denkt, was man natürlich als Diskriminierung empfinden kann, wenn man Pflicht als Zwang für vernünftig hält, weil die Menschen ja angeblich so unvernünftig sind und auf die wissenschaftlichen Experten einfach nicht hören.

Gegenüber dem Marxismus, der keine originäre politische Philosophie entwickelt, sondern eine politische Ökonomie, grenzt sich Arendt dadurch ab, dass sie der Ökonomie gerade keinen Primat einräumt, sondern der Politik, die sie nicht als Technik der Herrschaft versteht, sondern als partizipatorische Kommunikation in öffentlichen Angelegenheiten. Damit ebnet sie, ohne es zu ahnen, jenen politischen Bestrebungen in den letzten Dekaden des 20. Jahrhunderts den Weg, für die Demokratie nicht eine verbreiterte Legitimation von Elitenherrschaft bedeutet, sondern demokratische Teilhabe von Bürgerinnen, die von den politischen Institutionen ausgeschlossen werden. Soweit hat Arendt noch nicht gedacht. Mit der Bürgerrechtsbewegung oder den protestierenden achtundsechziger Studentinnen stand sie eher auf Kriegsfuss.

Doch durch dieses Demokratieverständnis und durch ihre pluralistische Auffassung vom Menschen, den sie als einzigartig entwirft, distanziert sie sich vom konservativen Mainstream der politischen Philosophie im 20. Jahrhundert, der grundsätzlich davon ausgeht, dass das Volk herrschaftsbedürftig ist und dass gebildete Eliten dieses lenken müssen – so bei Leo Strauss und Eric Voegelin – oder wie Carl Schmitt von der Gewaltlastigkeit der Politik, bei der es weniger um Bildung als vielmehr darum geht, dass die politische Führung in der Lage ist, durch Gewalt Macht zu entfalten. Genau davon distanziert sich Arendt, so dass sie sich konservativ nicht eingemeinden lässt. Wenn man sie besonders aus dieser Ecke als Antikenromantikerin kritisiert, dann disqualifiziert man gleichzeitig alle Bemühungen um Partizipation der Bürgerinnen an der Politik genauso wie deren Ansprüche auf Mündigkeit, was man heute als Emanzipation bezeichnen kann.

Gewissermaßen ist sie dem Liberalismus nicht fern, jedenfalls soweit dieser sich nicht primär um Ökonomie kümmert, sondern um die Entfaltung der Individuen, und selbstredend nicht nur der Reichen. Aber natürlich gehört es auch in ihrer Generation zum guten Ton, sich vom Liberalismus zu distanzieren. Doch Arendt rekurriert weniger auf die Gemeinschaft wie viele Antiliberalen. Freilich folgt sie auch nicht den formalistischen Ansätzen bei liberal-sozialen Denkern wie John Rawls oder Jürgen Habermas, wiewohl sie deren Ansinnen gerade in kommunikativer Hinsicht bestimmt nicht so fern steht. Stattdessen ist sie wie der Liberale Richard Rorty Denkerin der Kontingenz, eines sozialen Pluralismus und der Gewaltenteilung – man denke an Odo Marquard.

Ich zähle sie ins Lager des Existentialismus, dessen politische Philosophie bisher nur am Rande wahrgenommen, wenn nicht gar verdrängt wurde. Denn wie Arendt den Untertan von der Freiheit und vom Denken abgrenzt, entdeckten Camus, de Beauvoir und Sartre, dass der Mensch frei, d.h. mündig und verantwortlich ist. Das wurde ihnen nach dem Ende der Résistance übel genommen. Während man Camus von konservativer Seite zum Philosophen der Allgemeinmenschlichkeit verhimmlicht, avancierten die beiden anderen zu *Les Enfants terribles* bzw. zu den *bösen Philosophen* (Philipp Blom), zu denen in naher Verwandtschaft auch Arendt zählt, wiewohl sie sich von diesen eher distanzierte.

Auf Grund des Eichmann-Buches und des Spätwerks ist sie auch der politischen Philosophie des Poststrukturalismus nicht so fern, wenn Lyotard Politik als sprachlichen Konflikt entwickelt, der späte Foucault dem Menschen den Anspruch auf Mündigkeit attestiert, die nicht nur das politische Leben als eine Ästhetik der Existenz entwirft, oder man Derridas Dekonstruktion als eine Intensivierung reflexiven Urteilens versteht, der ja beinahe aristotelisch – und damit Arendt nicht so fern – die Politik auf die Freundschaft gründet. Arendt liebte kein Volk, sondern nur ihre Freunde. Wie soll man auch ein Volk lieben!

I. KAPITEL

WAHRHEIT UND URTEILSKRAFT IM POLITI-SCHEN HANDELN: HERODOT UND KANT

2003 vor dem Krieg gegen den Irak behaupteten die britische Regierung wie die der USA, das Regime Saddam Husseins verfüge über Massenvernichtungswaffen. Schon die UN-Waffeninspekteure vermochten das nicht zu bestätigen. Danach verstärkte sich der Verdacht, es habe sich um eine politische Lüge gehandelt, die den Krieg rechtfertigte. George Bush und Tony Blair erklärten daraufhin unisono, der Krieg habe die Welt sicherer gemacht und einen üblen Diktator gestürzt. Braucht sich die Politik also um Wahrheit nicht zu kümmern? Geht es in der Politik nur um Macht, der offenbar die Lüge eher als die Wahrheit nützt? Oder man denke heute an die Verachtung, die Trump oder Orbán wissenschaftlichen Erkenntnissen entgegenbringen, die sich somit um wissenschaftliche Wahrheiten gar nicht mehr kümmern. Ja, Fake-News, Lügen helfen der Politik Trumps mehr als die Wahrheit. Sich politisch auf die Wahrheit, welche auch immer, zu verlassen, sollte man daher besser nicht.

Arendt bemerkt dagegen 1963 in ihrem Vortrag *Wahrheit und Politik* im *Bayerischen Rundfunk*: „Am Ende der zwanziger Jahre (. . .) wurde Clemenceau von einem Vertreter der Weimarer Republik gefragt, was künftige Historiker wohl über die damals sehr aktuelle und strittige Kriegsschuldfrage denken werden. ‚Das weiß ich nicht', soll Clemenceau geantwortet haben, ‚aber eine

13

Sache ist sicher, sie werden nicht sagen: Belgien fiel in Deutschland ein.'"[1] Interessanterweise behaupteten dann die Nazis, sie hätten am 1. September 1939 zurückgeschossen. Fake-News! Warum wohl?

Gibt es trotzdem Wahrheiten, denen die Politik nicht entgeht, mag sie sich noch so sehr anstrengen, um die Welt nach dem eigenen oder dem gewünschten Bilde zurecht zu malen? Das gespannte Verhältnis von Politik und Wahrheit durchzieht Arendts Werk. Sie will sich nicht damit anfreunden, dass Politik als der Ort, wo die Menschen sich gemeinsam, somit kommunikativ um die öffentlichen Angelegenheiten kümmern, primär auf Lüge, Manipulation und Täuschung aufruht.

1. Tatsachenwahrheiten und totalitäre Ideologien

Aber hat Wahrheit in der Politik überhaupt eine Bedeutung? Logische oder mathematische Wahrheiten nennt Arendt Vernunftwahrheiten, die sich heute gegenüber der Politik weitgehend neutral verhalten. Als politisch gefährlicher wie gefährdeter erweist sich dagegen die Tatsachenwahrheit vom Schlage jener Feststellung: 1914 fiel Deutschland in Belgien ein. Für den, der die deutsche Kriegsschuld dementieren möchte, sah sich Deutschland dazu gezwungen. Aber bleibt eine Tatsache nicht eine Tatsache? Das Geschehene lässt sich doch nicht rückgängig machen! Arendt bemerkt: „Politisch aber ist (. . .) die Scheidung der Tatsachenwahrheiten von der Vernunftwahrheit von großer Bedeutung. Wir brauchen nur an solch anspruchslose Richtigkeiten zu denken wie, dass ein Mann namens Trotzki in der Russischen Revolution eine gewisse Rolle gespielt hat, die in keinem sowjetrussi-

---

[1] Hannah Arendt, Wahrheit und Politik (1964); in: dies., Zwischen Vergangenheit und Zukunft – Übungen im politischen Denken I (1968), 2. Aufl. München 2000, 339

14

schen Lehrbuch erwähnt wird, um gewahr zu werden, dass keine Vernunftwahrheit es mit der Tatsachenwahrheit an Gefährdung aufnehmen kann. Und da ja Tatsachen und Ereignisse, die unweigerlichen Ergebnisse menschlichen Zusammenlebens und –handelns, die eigentliche Beschaffenheit des Politischen ausmachen, müssen wir in diesem Zusammenhang an Tatsachenwahrheiten primär interessiert sein."[1]

Arendt weist nämlich auf ein Paradox hin: Einerseits sind Tatsachenwahrheiten zwar politisch nicht widerlegbar. Es sind schlichte Fakten, Ereignisse, wie sie eben stattgefunden haben. Aber man kann anders als bei Vernunftwahrheiten dafür keine weiteren einsichtigen Gründe angeben, warum die Ereignisse stattgefunden haben. Dass zwei mal zwei nicht fünf ist, das kann man beweisen, unabhängig davon, wo es vielleicht mal fünf gewesen sein soll.

Dagegen bleiben Tatsachen in ihrer unumstößlichen Faktizität Produkte des Zufalls, hätten sie immer anders stattfinden können. Somit bedürfen sie der Zuschauer als Zeugen und Berichterstatter, z.B. Homer, der in seiner *Ilias* den trojanischen Krieg beschreibt. Zeugen aber können sich widersprechen oder lügen. Indizien kann man fälschen oder anders interpretieren. Trotzdem gibt es keine Tatsachen, wenn sie niemand bezeugt, brauchen Politiker wie deren Taten eine Öffentlichkeit, die diesen Beachtung schenkt, Journalisten und Historiker, die das festhalten, was am politischen Geschehen wegweisend historisch ist. Arendt schreibt in ihrem philosophischen Spätwerk *Vom Leben des Geistes*: „Der Zuschauer und nicht der Akteur hält den Schlüssel zum Sinn der menschlichen Angelegenheiten in der Hand."[2]

---

[1] Ebd., 331

[2] Arendt, Vom Leben des Geistes (1973-75): Das Denken – Das Wollen, 2. Aufl. München 2002, 101

Das eröffnet zahlreiche politische Eingriffsmöglichkeiten. Tatsachen, die beispielsweise das Licht der Öffentlichkeit noch gar nicht erblickt haben, wenn es keine Zeugen gibt oder diese schweigen, und die man daher nicht kennt, solche Tatsachen, das ist nach wie vor gängige Praxis, werden gerne vertuscht oder gefälscht, wenn es opportun erscheint. Auch eine ernsthafte Zusammenarbeit mit den Terroristen um Osama bin Laden konnte man dem Regime Saddam Husseins nicht nachweisen. So schreibt Arendt sehr treffend: „Das eigentliche Gegenteil der Tatsachenwahrheit (im Unterschied zur Vernunftwahrheit) ist nicht Irrtum oder Täuschung, sondern die absichtliche Lüge."[1] Eben Fake-News.

Umgekehrt stoßen Lügen manchmal auf allzu offene Ohren, wenn nämlich Menschen sich nur zu gerne die Fakten verdrehen lassen, nur das anhören, was die eigenen Vorurteile bestätigt, und alles leugnen, was den eigenen Interessen zuwiderläuft – man denke an die antisemitische Rede von der jüdischen Weltverschwörung. Warum erliegen so viele Menschen den rassistischen Manipulationen? Warum bemühen sie sich nicht um Einsicht in die Tatsachen, sondern lassen sich lieber von Lügen und von Heilsversprechen blenden?

Arendt diagnostiziert im ersten Drittel des 20. Jahrhunderts ein weit verbreitetes Gefühl der Verlassenheit, wenn die Menschen mit den modernen Lebensumständen nicht zurechtkommen. In ihrem Hauptwerk *Elemente und Ursprünge totaler Herrschaft*, mit dem sie 1951 berühmt wird, stellt sie fest: „Was moderne Menschen so leicht in die totalitären Bewegungen jagt und sie so gut vorbereitet für die totalitäre Herrschaft, ist die allenthalben zunehmende Verlassenheit. Es ist, als breche alles, was Menschen miteinander verbindet, in der Krise zu-

---

[1] Arendt, Wahrheit und Politik (1964), 354

sammen, so dass jeder von jedem verlassen und auf nichts mehr Verlass ist."[1] Die Entwicklung der Industriegesellschaft zwingt die Menschen in entfremdende eintönige Arbeitsformen. Zudem werden ständig Berufe überflüssig, droht den Menschen Arbeitslosigkeit und Verarmung. Zur permanenten Mobilität gezwungen zerbrechen Familien und Freundschaften, so dass auch dadurch viele Menschen vereinsamen. Angesichts solchen Fortschritts und ungewohnter Konfliktsituationen in den Demokratien zweifeln viele an den Erfolgen der Moderne.

Daher suchen sie Schutz und Geborgenheit in totalitären Bewegungen, die ohne Rücksicht auf unangenehme Tatsachen ihnen mit Ideologien wieder Heimat und Heil verheißen. Wenn das technisch noch naive deutsche Volk der Stimme im Volksempfänger wirklich glaubt, dass alle Welt dem langjährigen Nazi-Kanzler zujubelt, so sucht es in diesem kindlichen Vertrauen die Wärme der Gemeinschaft. Wenn man heute im Internet Gleichgesinnte findet, bestärken diese sich in ihren Vorurteilen wie in ihrem Hass. Dass Menschen auf ihrem eigenen Irrsinn stur beharren, ist kein neues Phänomen. Durch das Internet werden diese nicht nur mündlich, sondern schriftlich und vor allem bildlich eingebunden, selbst wenn ihre gleichgesinnten Freunde weit entfernt wohnen. Viele glauben latent oder manifest an Autoritäten und einzige Wahrheiten, die ihnen gemeinhin natürlich als Vorteil erscheinen und die ein charismatischer Führer durchsetzen soll.

Da solche Illusionen leicht enttäuscht werden und die Faszinationskraft eines Führer schnell verblasst, vertragen diese Sehnsüchte auch keine Kritik und keinen Widerspruch, wie sie in jeder Demokratie gang und gäbe sind, wo von allen Seiten der neue Hoffnungsträger unter Beschuss genommen wird, so dass sich seine Lügen und

---

[1] Arendt, Elemente und Ursprünge totaler Herrschaft (1951), 4. Aufl. München, Zürich 1996, 729

leeren Versprechungen bald entlarven. Die vom Gefühl der Verlassenheit – und man möchte ergänzen: der Benachteiligung – überwältigten Menschen folgen nicht nur begeistert einem großen Führer, sie ordnen sich daher auch bereitwillig dem totalitären Zwang unter, der sie vor den Zweifeln der anderen schützen soll. Arendt schreibt: „Das eiserne Band des Terrors, mit dem der totalitäre Herrschaftsapparat die von ihm organisierten Massen in eine entfesselte Bewegung reißt, erscheint so als ein letzter Halt."[1] Nur wenn alle dasselbe Opfer bringen müssen – und zwar letztlich ihr Leben oder ihre Gesundheit –, dann, so hoffen die Menschen, lässt sich ihre Verlassenheit überwinden, finden sie in einer Gemeinschaft Halt durch gemeinsame Unterordnung und Hingabe. Nur wenn alle anderen Lehren bekämpft und unterdrückt werden, lässt sich eine solche Einheit herstellen, in der keine Frage mehr gestellt werden darf. Die Frage ist der Feind, wie es Carl Schmitt bemerkte.

Damit keiner aus der Reihe ausschert, damit keiner durch seine Kritik den illusionären Charakter der Gemeinschaft entlarvt, gipfelt die totalitäre Herrschaft nicht alleine im Terror der Geheimpolizei, sondern im Konzentrationslager, das für Arendt zum Symbol des Totalitarismus schlechthin avanciert. Wer nicht spurt wie kritische Intellektuelle oder Bohemiens kommt ins Konzentrationslager zur Freude der Nachbarn. So kann der Terror durch Allgegenwart drohen: Jeder kann jederzeit inhaftiert werden – ohne Anklage, ohne Gerichtsverfahren, ohne zeitliche Begrenzung: „Das Wesen totalitärer Herrschaft in diesem Sinne ist der Terror, (. . .)",[2] den die neuen Rechten ebenfalls fleißig verbreiten, der – ob sie an der Macht sind oder nicht – denn nicht nur nach außen, sondern auch nach innen wirkt.

---

[1] Arendt, Elemente und Ursprünge totaler Herrschaft (1951), 729
[2] Ebd., 711

Dabei beruft sich der Totalitarismus regelmäßig auf die modernen Wissenschaften, sei es auf die der Geschichte, der Wirtschaft oder auf eine unwissenschaftliche Rassenlehre, die aber alle zusammen vorgeben, einen natürlichen Zweck zu vollstrecken. So geht es der totalitären Herrschaft um eine vermeintliche gesellschaftliche und politische Einheit, die eigentlich von selber entstehen sollte, wenn alles ausgemerzt ist, was diese stören könnte: „Das eiserne Band des Terrors konstituiert den totalitären politischen Körper (. . .). Dem Terror gelingt es, Menschen so zu organisieren, als gäbe es sie gar nicht im Plural, (. . .) als gäbe es nur einen gigantischen Menschen auf der Erde, dessen Bewegungen in den Marsch eines automatisch notwendigen Natur- oder Geschichtsprozesses mit absoluter Sicherheit und Berechenbarkeit einfallen. (. . .) Praktisch heißt dies, dass Terror die Todesurteile, welche die Natur angeblich über ‚minderwertige Rassen‘ und ‚lebensunfähige Individuen‘ oder die Geschichte über ‚absterbende Klassen‘ und ‚dekadente Völker‘ gesprochen hat, auf der Stelle vollstreckt, ohne den langsameren und unsicheren Vernichtungsprozess von Natur oder Geschichte selbst abzuwarten."[1]

Derart proklamieren totalitäre Ideologien zwar eine Wahrheit, um ihren Illusionen Gewicht zu verleihen – will niemand auf die Wahrheit verzichten. Aber sie fragen nicht nach ihr. Sie bedienen sich wissenschaftlicher Erkenntnisse, solange diese die eigenen Zwecke und Ziele fördern. Tatsachenwahrheiten können von staatlichen Institutionen mit deren ganzer Macht verändert oder verfälscht werden: Fake-News. Totalitäre Regime finden ihre wissenschaftlichen Helfershelfer, die die ideologischen Wahrheiten untermauern, so wie sie immer gewissenlose Wissenschaftler auftreiben, die unmenschliche

---

[1] Ebd., 714

Experimente durchführen. Man denke an Trofim Lyssenko, der sowjetische Landwirtschaft unter Stalin ruinierte.

Jegliche Zweifel, die zu den modernen Wissenschaften so originär gehören wie zum Begriff der *Wahrheit*, werden verbannt. Doch Wahrheit, seit sie Sokrates ausgiebig diskutierte, erfüllt ihre Ansprüche nur, wenn sie immer wieder überprüft und in Frage gestellt wird. Sie mündet in einen unendlichen Prozess, der sich niemals abschließen lässt. Wer Wahrheit für absolut erklärt, oder letzte bzw. definitive Wahrheiten verkündet, verdreht den Sinn der Wahrheit, lässt ihren Anspruch auf. Unter dem Deckmantel solcher angeblich sicherer Wahrheiten soll sich der Terror legitimieren. Arendt beruft sich auf einen Satz Lessings: „Jeder sage, was ihm Wahrheit dünkt, und die Wahrheit selbst sei Gott empfohlen!"[1]

Eine fiktive, ideologische Welt lässt sich auch nicht widerlegen. Grundsätze, die als letzte Wahrheiten unterstellt werden, sperren sich gegenüber jeder Diskussion, führen, um mit Karl R. Popper, dem anderen großen Kritiker des Totalitarismus, zu sprechen, in eine geschlossene Gesellschaft. Daher kann man – so Arendt – die totalitäre Propaganda weder mit Gegenpropaganda noch einfach mit der Wahrheit bekämpfen. So bedürfen manche sehr sensible Tatsachenwahrheiten wie der Holocaust auch eines juristischen Schutzes, obwohl man gerne vorschnell meint, das vertrüge sich weder mit dem demokratischen Recht auf Meinungsfreiheit noch mit dem Wesen der Wahrheit, dass Wahrheit nur dann wirklich Wahrheit ist, wenn sie sich ohne Hilfe durchsetzt. Aber warum sollte Wahrheit so stark sein? Für Arendt beherbergt sie vielmehr eine unvermeidliche Schwäche.

---

[1] Arendt, Menschen in finsteren Zeiten (1968), 2. Aufl. München 1989, 48

2. Die Wahrheit im Angesicht des Antisemitismus

Das Schicksal des europäischen Judentums, das Arendt selbst erlitt, antizipierte sie in ihrer Studie *Rahel Varnhagen – Lebensgeschichte einer deutschen Jüdin aus der Romantik*, von der elf Kapitel noch vor 1933 in Deutschland geschrieben wurden und nur zwei Kapitel 1938 in Paris. Arendt, 1906 in Hannover geboren und im ostpreußischen Königsberg aufgewachsen, musste nach einer Verhaftung durch die Gestapo 1933 aus Deutschland fliehen. Ausgebürgert und staatenlos arbeitete sie bis 1940 für jüdische Organisationen in Paris. Aus der Internierung entkam sie im Chaos des französischen Zusammenbruchs. Sonst wäre sie im Holocaust ermordet worden. Unter hoch gefährlichen Umständen gelang ihr 1941 die Flucht vor den Nazis in die USA. In New York lebte sie schließlich eingebürgert bis zu ihrem Tode 1975. Man sollte mal untersuchen, wie viele Flüchtlinge auf ihrer Flucht vor den Nazis ums Leben kamen, natürlich auch jene mit einem deutschen Migrationshintergrund? Arendt muss unendlich glücklich gewesen sein, als sie endlich in den USA in Sicherheit war.

Die durch ihren Berliner Salon berühmt gewordene Rahel Varnhagen, geborene Levin, versuchte sich in die deutsche Gesellschaft zu integrieren, in der sich um 1800 gerade der Judenhass massiv verbreitete. Nach zwei gescheiterten Verlobungen ging Varnhagen 1808 im Alter von 37 Jahren mit ihrem späteren Mann Karl August Varnhagen eine Beziehung ein. Bei Goethe lernte sie, dass man an seiner Situation etwas ändern muss. So vertraute sie schließlich auf die Kraft der Namensänderung, die ihr wie ein Kleid eine neue Hülle bieten und endlich zu gesellschaftlicher Anerkennung verhelfen sollte. 1810 änderte sie ihren Namen in Rahel Robert. 1814 ließ sie sich taufen und heiratete. Jetzt hieß sie Antonie Frederike Varnhagen. Der Integrationsprozess einer Jüdin schien als Assimilation erfolgreich abgeschlossen.

Aber kann man seine Herkunft und Vergangenheit einfach abstreifen? Was ist die Wahrheit der eigenen Person? Bald bemerkte sie, dass man dem Judentum nicht dadurch entgeht, dass man zum Christentum konvertiert. Woran muss man sich anpassen, wenn man ein angeblich normaler Mensch und keine Jüdin sein will? Rahel Varnhagens macht eine grausame Entdeckung: „Denn will man sich wirklich assimilieren, so kann man sich nicht von außen aussuchen, woran man sich assimilieren möchte, was einem gefällt und was einem missfällt; dann darf man das Christentum so wenig auslassen wie den zeitgenössischen Judenhass. Beides sind integrierende Bestandteile der geschichtlichen Vergangenheit der europäischen Menschheit und lebendige Elemente der damaligen Gesellschaft. Es gibt keine Assimilation, wenn man nur seine eigene Vergangenheit aufgibt, aber die fremde ignoriert. In einer im großen Ganzen judenfeindlichen Gesellschaft – und das waren bis in unser Jahrhundert hinein alle Länder, in denen Juden lebten – kann man sich nur assimilieren, wenn man sich an den Antisemitismus assimiliert."[1] Assimilation verlangt von den Juden, die Frage nach der Wahrheit der eigenen Herkunft, nach eigenen Tatsachen des Lebens aufzugeben, indem man diese wie der Antisemit hassen lernt.

Spielt die Frage nach der Wahrheit in Arendts Studie über Rahel Varnhagen eine biographische und soziale Rolle, so nimmt sie in der Prozessanalyse *Eichmann in Jerusalem* politisch hoch dramatische Züge an. Der SS-Führer Adolf Eichmann organisierte ab 1942 die Deportation von Millionen von Juden in die Vernichtungslager.

---

[1] Arendt, Rahel Varnhagen – Lebensgeschichte einer deutschen Jüdin aus der Romantik (1933, 1938, 1958), 12. Aufl. München 2003, 233

Nach Kriegsende tauchte er unter, bis ihn 1960 der israelische Geheimdienst in Buenos Aires enttarnte, entführte und nach Israel verfrachtete. 1961 wurde gegen ihn in Jerusalem der Prozess eröffnet und ein Jahr später wurde er hingerichtet.

Die Zeitschrift *The New Yorker* schickte Arendt als Berichterstatterin zum Prozess. Sie schrieb darüber fünf Essays, die in der Zeitschrift erschienen, ohne großes Aufsehen zu erregen. Erst als sie diese 1963 in einem Buch versammelt und unter dem o.a. Titel veröffentlichte, löste sie damit vor allem in Israel und bei jüdischen Intellektuellen Entsetzen und Empörung aus. Vor allem Arendts Wort von der Banalität und Alltäglichkeit der Persönlichkeit Eichmanns, was alles Dämonische der grausamen Taten entzaubert, stieß auf absolutes Unverständnis, wenn Arendt schreibt: „In Eichmanns Mund wirkt das Grauenhafte oft nicht einmal mehr makaber, sondern ausgesprochen komisch. Komisch ist auch Eichmanns heldenhafter Kampf mit der deutschen Sprache, in dem er regelmäßig unterlag (. . .) Je länger man ihm zuhörte, desto klarer wurde einem, dass diese Unfähigkeit, sich auszudrücken, aufs engste mit einer Unfähigkeit zu *denken* verknüpft war. Das heißt hier, er war nicht imstande, vom Gesichtspunkt eines anderen Menschen aus sich irgendetwas vorzustellen. Verständigung mit Eichmann war unmöglich, nicht weil er log, sondern weil ihn der denkbar zuverlässigste Schutzwall gegen die Worte und gegen die Gegenwart anderer, und daher gegen die Wirklichkeit selbst umgab: absoluter Mangel an Vorstellungskraft."[1] Genau das kann man heute der neuen Rechten attestieren, gerade auch deren Sprechern, nämlich eine Unfähigkeit zu denken, noch genauer, erst recht nicht an der Stelle eines anderen zu denken. Das ist

---

[1] Arendt, Eichmann in Jerusalem – Ein Bericht von der Banalität des Bösen (1963), 4. Aufl. München 1992, 77

die Voraussetzung für Mitgefühl wie für Kommunikation überhaupt.

Arendt konnte oder wollte die Rolle nicht verstehen, die der Eichmann-Prozess für Israel spielte, wenn sich dabei ein Volk seiner Geschichte zu versichern versucht, so die renommierte Harvard-Professorin Seyla Benhabib. Sie stellt noch im Jahr 2000 „einen erschreckenden Mangel an Augenmaß, Feingefühl und Besonnenheit" in Arendts Eichmann-Bericht fest.[1] Aber für Arendt verschenkte der Prozess die historisch einmalige Chance, eine nicht nur unparteiliche, sondern auch noch juristisch abgewogene Einsicht in den wahren Verlauf der Geschichte des Holocaust zu gewinnen. Diesen Anspruch Arendts allerdings sollte man schon ernster als viele ihrer Kritiker nehmen. Denn sie erkennt in dieser Maxime eine allgemeine Grundbestimmung des abendländischen Menschentums, von der man vielleicht nicht mal angesichts der überaus verständlichen Interessen der Opfer des Holocaust einfach absehen darf, nämlich die Frage nach der Wahrheit zu stellen und zwar genau dort, wo die Wahrheit immer wieder missachtet oder gar mit Füßen getreten wird, nämlich in der Politik und besonders vom Totalitarismus. Arendt forderte dementsprechend vom Jerusalemer Gericht, was es gerade nicht einhielt: Gerechtigkeit „verlangt äußerste Zurückhaltung und den Abbruch aller Beziehungen zur Öffentlichkeit, sie erlaubt gerade noch die Trauer, aber nicht einmal den Zorn, und sie diktiert schließlich strengste Enthaltsamkeit gegenüber allen Verlockungen, sich durch Scheinwerfer, Kameras und Mikrophone ins Rampenlicht zu spielen."[2] Es ist

---

[1] Seyla Benhabib, Identität, Perspektive und Erzählung in Hannah Arendts *Eichmann in Jerusalem*; in: Gary Smith (Hrsg.), Hannah Arendt Revisited: ‚Eichmann in Jerusalem' und die Folgen, Frankfurt/M. 2000, 95

[2] Arendt, Eichmann in Jerusalem (1963), 29

doch erstaunlich, wenn Benhabib das nicht versteht, gerade wenn sich die mediale Welt heute noch weiter intensiviert hat. Allerdings findet heute jeder Prozess von öffentlichem Interesse unter den Augen der Öffentlichkeit statt, so dass man Arendts Kritik andererseits auch als überholt betrachten muss. Berechtigt bleibt sie trotzdem.

3. Wahrheit und Macht jenseits der Gewalt

Indes, zeigt nicht die Geschichte des Totalitarismus und gerade der Holocaust, dass es in der Politik nicht auf Wahrheit ankommt, sondern auf Macht und Gewalt? Welche Wahrheit half den Opfern des Holocaust? Offenbar keine. Welche Macht rettete aber die Überlebenden von Auschwitz und Bergen-Belsen? Die militärische Gewalt der alliierten Armeen! Doch eine solche Antwort würde im Sinne Arendts die Komplexität der Zusammenhänge zwischen Wahrheit und Macht bloß reduzieren. Mit ihrem Essay *Macht und Gewalt* versucht sie 1970 im Angesicht des Vietnamkrieges und der Studentenunruhen diese eng miteinander zusammenhängenden Begriffe zu entflechten, gerade weil das politische Denken beide meistens vermischt, die Gewalt zumeist nur als extreme Äußerung der Macht versteht.

Carl Schmitt definiert die politische Spitze aus ihrer Fähigkeit, mit Gewalt gegen die Bürgerinnen vorzugehen. Dazu braucht es keine demokratische Legitimation. Er schreibt: „Souverän ist, wer über den Ausnahmezustand entscheidet."[1] Die Anwendung der Gewalt selbst legitimiert die Macht bzw. die Gesetze, die der Staat erlässt, eben weil er sie gewaltsam durchsetzt. Ohne diese Gewaltsamkeit gäbe es keine Gesetze, so dass sie sich nicht

[1] Carl Schmitt, Politische Theologie – Vier Kapitel zur Lehre von der Souveränität, (1922), 3. Aufl. Berlin 1979, 11

auf irgendeine Form der Wahrheit oder der Gerechtigkeit berufen müssen, geschweige denn dass sie der Zustimmung oder des Konsenses bedürften. Schmitt notiert den berühmten Satz: „Auctoritas, non veritas facit legem."[1]

Dagegen stellt Gewalt für Arendt nur eine reine Anwendung von Stärke oder Kraft dar. Jeder Stärkere kann einem Schwächeren seinen Willen gewaltsam aufzwingen. Doch das ist offenbar nicht legitim oder gar gerecht. Den berühmten Spruch Mao Zedongs, dass die Macht aus den Gewehrläufen käme, widerlegt jeder Banküberfall, bei dem Gewalt zwar Gehorsam erzwingt, aber offenbar keine Macht verleiht. Gewalt mag durchaus im Dienst einer politischen Macht stehen und dabei helfen, diese durchzusetzen. Aber sie erzeugt nie Macht oder legitimiert diese gar. Arendt definiert sie daher folgendermaßen: „Gewalt schließlich ist (. . .) durch ihren instrumentalen Charakter gekennzeichnet. Sie steht dem Phänomen der Stärke am nächsten, da die Gewaltmittel, wie alle Werkzeuge, dazu dienen, menschliche Stärke bzw. die der organischen Werkzeuge' zu vervielfachen."[2]

Das bleibt nicht ohne Konsequenzen für das Verhältnis von Gewalt und Wahrheit. Wer sich in der Politik gewaltsam durchsetzt wie der Totalitarismus, nimmt dabei auf die Wahrheit der Tatsachen gerade keine Rücksicht. Ja, die Gewalt befreit nicht nur den Totalitarismus davon, auf solche Wahrheit achten zu müssen. Ermöglicht die Gewalt nicht auch der Macht eine solche Rücksichtslosigkeit? Will Macht die Wahrheit der Tatsachen, also die Umstände in der Welt, wie sie sind, nicht immer gewaltsam übergehen?

---

[1] Schmitt, Politische Theologie – Vier Kapitel zur Lehre von der Souveränität, (1922), 54

[2] Arendt, Macht und Gewalt (1970), 15. Aufl. München, Zürich 2003, 47

Doch zunächst diagnostiziert Arendt, dass Macht eine andere Herkunft besitzt. Im Sinne von Autorität entsteht Macht, wenn jemand auf einen Befehl hin gehorcht, ohne dass man ihm die Pistole auf die Brust setzen muss. Viele Menschen streben nach Macht, d.h. sie möchten, dass andere ihnen gehorchen. Viele andere empfinden Gehorsam als Last und versuchen ihn zu vermeiden. Wer selber Macht ausübt, hält Gehorsam für sinnvoll und gut, hat zumeist selber das Gehorchen gelernt, bevor er in die Machtposition gelangte. Umgekehrt, wer nicht gehorchen will, der mag zumeist auch nicht befehlen. Derart scheiden sich die mündigen Bürgerinnen von den Untertanen, was die Befehlsausführenden nicht gerne hören. Kann es beim Militär eine mündige Bürgerin geben? Dazu müsste die militärische Befehls-Gehorsams-Struktur aufgelöst werden. Im Cyber-Krieg könnte das der Fall werden.

Wann aber gehorcht frau, ohne dass sie bedroht wird? Wenn sie die Macht anerkennt, sie für legitim hält, sie ihr also auch dann noch folgt, wenn sie fern ist und sie sich trotzdem gebunden fühlt. Arendt schreibt: „Macht entspricht der menschlichen Fähigkeit, nicht nur zu handeln oder etwas zu tun, sondern sich mit anderen zusammenzuschließen und im Einvernehmen mit ihnen zu handeln. Über Macht verfügt niemals ein Einzelner; sie ist im Besitz einer Gruppe und bleibt nur solange existent, als die Gruppe zusammenhält. Wenn wir von jemand sagen, er habe die Macht', heißt das in Wirklichkeit, dass er von einer bestimmten Anzahl von Menschen ermächtigt ist, in ihrem Namen zu handeln." [1]

Macht hat niemand für sich allein, auch nicht der Stärkste, von dem Friedrich Schiller in seinem Drama *Wilhelm Tell* ja behauptet, er sei am mächtigsten allein – was für Arendt blanker Unsinn ist. Stark kann man allein

---

[1] Ebd., 45

sein, gewalttätig auch; um mächtig zu sein, braucht man dagegen andere Menschen. Macht entfalten also nur Gruppen, genauer Gesellschaften in Form von Staaten, wenn Menschen die Macht anderer anerkennen, wenn sie daher auch deren Befehlen gehorchen, ohne dass direkte Gewalt sie dazu zwingt. Gilt das aber nicht auch für die totalitäre Herrschaft? Doch diese droht ja gerade ständig mit dem Terror, also mit Gewalt und unterdrückt jede Form von Freiwilligkeit, wenn sie Kritik und Widerspruch verfolgt und die Öffentlichkeit zerstört, in der sich Menschen äußern können, ohne Angst haben zu müssen. Der Totalitarismus beruht auf Gewalt, so dass er gar keine wirkliche, d.h. von den Menschen freiwillig anerkannte Macht konstituieren kann. Er entzieht sich damit nicht nur dem Licht der Öffentlichkeit, sondern vor allem auch der Wahrheit der Tatsachen: „Die Gewaltherrschaft bezweckt und erreicht die Entmachtung der Gesellschaft, bis sie einer organisierten Opposition nicht mehr fähig ist, und dies ist der Augenblick, wo der eigentliche Terror entfesselt werden kann. Die Tyrannis erzeugt die Ohnmacht, welche dann totale Herrschaft ermöglicht."[1]

Macht und Gewalt eröffnen also zwischen sich einen klaren Gegensatz. Von der einen zur anderen führt auch kein Weg gradueller Abstufungen. Wenn Gesetze und Institutionen Anerkennung finden, dann entspringt das weder Drohungen der Gewalt noch schlicht autoritären Herrschaftsstrukturen, denen sich die Menschen aus bloßer Gewöhnung fügen, sondern dem gelebten Konsens der gesamten Bürgerschaft. Nur die Unterstützung der Bevölkerung verleiht dem Staat die Macht. Dazu ist aber eine Öffentlichkeit nötig in deren Licht Gesetze und Institutionen überprüft und kontrolliert werden können, im Grunde ein demokratisches Zusammenspiel der Bürge-

---

[1] Arendt, Macht und Gewalt (1970), 56

rinnen. Doch auch eine Monarchie kann die Anerkennung der Gesellschaft genießen, wenn in deren Salons nicht die Angst vor einem tyrannischen Terror herrscht. Umgekehrt gibt es einen demokratischen Terror, wenn die Mehrheit die Minderheit gnadenlos unterwirft. Dann ist die Demokratie natürlich auch längst untergegangen, herrscht dann die blanke Gewalt des Ausnahmezustands, die sich durch Polizeikontrolle und Strafandrohungen wie Strafen durchsetzt. Dann ist die Polizei eigentlich keine Polizei, sondern eine Miliz.

Arendt bewundert an ihrem Lehrer Karl Jaspers vor allem die Verknüpfung von Philosophie und Öffentlichkeit. Für Jaspers und Arendt legitimiert sich Philosophie nicht durch kluge Reflexion im stillen Studierkämmerlein. Vielmehr soll sie ihrerseits in die Öffentlichkeit erhellend eingreifen und somit auch politisch praktisch werden. Ohne reflektierte Wahrheit, wozu gerade Philosophie ihren Teil beiträgt, bleibt die Macht bodenlos und von den Interessen, Vorurteilen und Launen der Menschen abhängig. Deswegen braucht man nicht nur eine freie öffentliche Diskussion, sondern auch Institutionen wie Universitäten, die die Wahrheit der Tatsachen unabhängig von der Politik zu diskutieren und zu hüten vermögen. Arendt bemerkt: „Jaspers' Ja zur Öffentlichkeit ist einzigartig, weil es ein Philosoph ausspricht und weil es sachlich der Grundüberzeugung seines gesamten Philosophierens entspringt: Philosophie hat mit Politik gemeinsam, dass sie alle angeht; dies ist der Grund, dass sie in die Öffentlichkeit gehört (. . .).“ [1]

Der Totalitarismus erweist sich für Arendt daher als antisozial und letztlich unpolitisch, weil er sich nicht um die Komplexität des Zusammenspiels von Gesellschaft und Politik, also um die Wahrheit der Tatsachen bemüht,

---

[1] Arendt, Karl Jaspers; in: Karl Jaspers, Wahrheit, Freiheit und Friede, München 1958, 33

sich seine Stabilität folglich nur dem Terror und der Gewalt verdankt und somit sich auch ständig aufzulösen droht. Dagegen bleibt einer Macht gar nichts anderes, will sie sich stabilisieren, als das Vertrauen und die freie Anerkennung der Bürgerinnen zu suchen, so dass sie sich daher mit den Realitäten abfinden muss, also die politischen und sozialen Tatsachen zu beachten hat. Genau in dieser Perspektive stellen für Arendt Macht und Wahrheit gerade keine Gegensätze dar. Stabile politische Verhältnisse beruhen auf den Tatsachen; denn daher gewinnen sie die dauerhafte Anerkennung der Bürger.

Wie kaum sonst eine politische Denkerin insistiert Arendt dabei auf einer *politischen Freiheit*, die mit der *privaten Freiheit* wenig verbindet. Das schließt an einen antiken Gedanken an, dem sich die Moderne lieber verweigert, nämlich dass in einer Beziehung von Herrschern und Beherrschten niemand frei ist. Für Aristoteles dagegen sollen Herrschende und Beherrschte in eins fallen, wenn jeder Athener Bürger in der Volksversammlung über die ihn betreffenden Gesetze mitentscheiden kann. Arendt schreibt: „Nur wer sich unter Freien bewegte, war frei. Und entscheidend (. . .) war die Erfahrung, dass der Herrscher selbst gerade nicht frei ist; indem er die Herrschaft über andere ausübt, beraubt er sich der Gesellschaft von seinesgleichen, in der er hätte frei sein können. Herrschaft zerstört mit anderen Worten den politischen Raum, und das Resultat dieser Zerstörung ist die Vernichtung der Freiheit für Herrscher und Beherrschte."[1] Für Hegel geht die Freiheit an sich auf, wenn der Pharao als einziger frei ist, aber noch nicht für sich, weil er alleine ist und sich mit niemandem darüber auszutauschen vermag.

---

[1] Arendt, Macht und Gewalt (1970), 37

Macht bildet sich also aus einem Miteinander als ein Machtpotential. Die Größe der Macht ergibt sich auch keineswegs schlicht aus einer Vergrößerung der Zahl der Beteiligten. Macht akkumuliert sich nicht quantitativ. Das begründet Arendt mit dem interessanten Argument, das weiten Teilen der politischen Philosophie widerspricht: *Gewaltenteilung* nämlich vermindert für Arendt die Macht des Staates nicht, sondern erhöht sie. Soll nicht nach John Locke und Montesquieu die Gewaltenteilung den Bürger schützen, indem der Staat in sich selbst verschränkt wird! Lehnen nicht genau deshalb Rousseau und Hegel einen solchen Sinn der Gewaltenteilung ab, weil sie den Staat schwächt, der doch als einziger das Recht durchsetzt! Wenn man jedoch an das Ansehen denkt, welches das deutsche Bundesverfassungsgericht bei den Bürgerinnen genießt, dann stärkt diese Gewaltenteilung in der Tat die Achtung vor dem Staat, legitimiert dessen Entscheidungen und vergrößert just durch die Schwächung seine Macht. Es muss sich noch zeigen, inwieweit der 2020 weit verbreitete Ausnahmezustand totalitäre Tendenzen auf Dauer wird installieren können.

4. Politik als öffentliche Kommunikation

Braucht das politische Handeln also Wahrheit, natürlich primär die Wahrheit der Tatsachen, um humanere Lebensbedingungen zu schaffen und zu erhalten? Dem muss man allerdings unmittelbar entgegenhalten, dass gerade auch in den Demokratien mit ihren öffentlichen Diskussionen sich die Politik ständig der Manipulation, der Verdrehung und der Lüge bedient: Spielt die Wahrheit der Tatsachen in der Politik wirklich eine entscheidende Rolle?

Arendt bleibt denn auch gegenüber gewissen Entwicklungen in der Politik der westlichen Welt skeptisch, vor allem kritisiert sie die entpolitisierenden Wirkungen der Bürokratie und einer medial orientierten repräsentativen Massendemokratie, in der nicht mehr die Persönlichkeit, sondern das Image zählt und in der kluge Werbestrategen und professionelle Wahlkampfberater Kampagnen ohne Rücksicht auf die Tatsachen oder die Wahrheit führen. Heute transformiert sich Politik primär in Verwaltung, deren wichtigste Aufgabe es ist, die Wirtschaftsentwicklung zu befördern. In *Vita activa oder vom tätigen Leben* aus dem Jahr 1958 schreibt sie: „Wo immer das eine oder das andere die Lebensführung bestimmt, werden wir auf die für alle eigentlich unpolitischen Menschen typische Neigung treffen, (. . .) den öffentlichen Angelegenheiten nur insoweit eine Existenzberechtigung zuzugestehen, als sie dem allgemeinen Nutzen dienen und angeblich höhere Zwecke fördern."[1]

Einerseits orientiert sich Politik primär an der Ökonomie, andererseits gerät sie dadurch zu einer Herrschaftstechnik, die eben auf gewisse Resultate wie Gesetzgebung und effiziente bürokratische Organisation abzielt: Hartz IV sollte die Arbeitslosensicherung möglichst kostensparend regeln. Wenn Politik solche Zwecke nicht erfüllt, gilt sie als machtlos, geistern in Demokratien gerne und heute umso mehr Worte durch den Raum, die das Parlament zur sinnlosen Quasselbude (Carl Schmitt) degradieren – ein für Arendt nicht besonders origineller Vorwurf: „Dass die Tätigkeiten des Handelns und Sprechens zumeist auf eitle Betriebsamkeit hinauslaufen und dass Politik, von Notfällen abgesehen, unproduktiv und nutzlos ist, sind nicht ‚Entdeckungen', die der Neuzeit, mit ihrem anfänglichen Interesse an greifbarer Produktivität und nachweisbaren Profiten und ihrer späteren

---

[1] Arendt, Vita activa oder Vom tätigen Leben (1958), 11. Aufl. München, Zürich 1999, 264

Leidenschaft für reibungsloses Funktionieren und das Gesellschaftliche im weitesten Sinne, geschuldet sind."[1]

Insofern geht es dem politischen Handeln bzw. der Politik für Arendt gerade nicht um ein Produkt, das man durch fleißiges Aktenstudium erarbeiten muss. Wenn ein Gesetz in Kraft tritt, dann ist der eigentlich politische Prozess, der wesentlich in der gemeinsamen Kommunikation liegt, längst abgeschlossen. Nicht wenn das Parlament abstimmt, wird politisch gehandelt, sondern in den unendlichen Debatten, die dem vorausgehen und die an irgendeinem Punkt plötzlich auf dieses Gesetz hinauslaufen. Wenn man in der Europäischen Union nicht schlicht durch Mehrheit entscheiden kann, sondern wenn sich politische Übereinkünfte nur durch die vermeintlich schwerfälligen Verständigungsprozesse ermöglichen lassen, dann entspricht letzteres eher dem, was Arendt unter Politik versteht: „Wie schön auch immer die Welt der Dinge, die uns umgibt, sein mag, sie erhält ihren eigentlichen Sinn erst, wenn sie die Bühne für Handelnde und Sprechende bereitstellt, wenn sie durchwebt ist von dem Geflecht menschlicher Angelegenheiten und Bezüge und den Geschichten, die aus ihnen entstehen."[2]

Politik darf nicht auf Herstellen und Arbeiten reduziert werden, bzw. nicht nur Gesetze erlassen. Vielmehr weckt sie für Arendt als ein Sprechen im öffentlichen Raum, das dadurch von vielen Menschen bemerkt und gemerkt wird, das eben im Licht der Öffentlichkeit stattfindet, überhaupt die Gemeinsamkeit wie den Gemeinsinn. Dergleichen verdankt sich nicht einer effektiven Verwaltung, sondern dem gemeinsamen Politisieren, einfach dem miteinander Sprechen, aber als öffentliches Kommunizieren, z.B. bei der Diskussion im Parlament,

---

[1] Ebd., 278
[2] Ebd., 258

gerade wenn es wie das europäische wenig Kompetenzen besitzt. Durch solche Kommunikation unternimmt man etwas zusammen, entsteht das Politische als das Gemeinsame, also als das Gemeinwesen: „Wo immer es um die Relevanz der Sprache geht, kommt Politik notwendigerweise ins Spiel; denn Menschen sind nur darum zur Politik begabte Wesen, weil sie mit Sprache begabte Wesen sind."[1]

Als Vorbild beruft sich Arendt dabei nicht nur auf die athenische Demokratie zu Zeiten des Perikles, sondern vor allem auf die amerikanische Revolution: In der Begeisterung, an den öffentlichen Debatten, den Beratungen in den Bürgerversammlungen auf verschiedener Ebene teilzunehmen, verkörpert sich für John Adams das Wesen des Politischen. Dabei denkt man gar nicht nur an die eigenen Interessen, sondern sucht die Kommunikation um ihrer selbst willen, weil sich darin der Mensch als Teilhaber an öffentlichen Angelegenheiten realisiert. So zitiert Arendt in einem ihrer besten Bücher *Über die Revolution* Thomas Jefferson mit den Worten über eine amüsante Jenseitsvision: „'Mögen wir uns dort wiedersehen, in einem Kongress, mit unseren Kollegen aus dem Altertum, und lassen Sie uns hoffen, dass sie uns das Siegel anerkennender Zustimmung nicht versagen werden.'"[2] Insofern stellten die nordamerikanischen Kolonien schon vor der Revolution ein Treibhaus für den Geist des Öffentlichen dar, der irgendwann in einen revolutionären Geist umschlug.

Politik als Kommunikation erzeugt Gemeinsinn verleiht dadurch der Welt ihre Bedeutung, die alle verstehen! Nicht dass dazu keine Macht nötig wäre! Doch diese entspringt nicht der Gewalt, über die der Politiker ver-

---

[1] Arendt, Vita activa oder Vom tätigen Leben (1958), 11
[2] Arendt, Über die Revolution, München 1963, 168

meintlich verfügt, wenn er Herr über den Ausnahmezustand ist. Macht entsteht für Arendt vielmehr genau aus diesem lebendigen Zusammenspiel miteinander politisch Kommunizierender heraus. Das entfaltet eine Dynamik, in der sich die Würde des Politischen erhebt, die zwar eng mit demokratischen Umständen, zumindest mit einer freien Öffentlichkeit verbunden ist, die nichtsdestotrotz Arendt 1958, umso mehr gefährdet scheint, als Politik unter den Scheinwerfern des Fernsehens zu einem medialen künstlichen Konstrukt verkommt, in dem weder die Kommunikation noch die Wahrheit der Tatsachen eine Rolle spielen: „Der Aufgang und Untergang von Kulturen, (. . .) hängt mit dieser Eigentümlichkeit des öffentlichen Bereichs zusammen, der so sehr auf dem handelnden und sprechenden Miteinander der Menschen beruht, dass er selbst unter den scheinbar stabilsten Verhältnissen seinen potentiellen Charakter niemals ganz und gar verliert."[1]

Miteinander zu sprechen und gemeinsam zu agieren, z.B. dabei das gemeinsame europäische Bewusstsein zu gewinnen, dergleichen verleiht der Welt einen Sinn, der sich nicht auf Wirtschaftsförderung reduziert, sondern sich zu einer europäischen Identität auswachsen könnte. Das politische Handeln entspringt dabei der Vielfalt der Menschen und ihren Beziehungen, die die Welt komplex und unübersichtlich werden lassen. Diese Voraussetzung der Politik geht verloren, wenn man Politik nur als Herstellen und Arbeiten versteht. Vielmehr muss die Politik auf diese ihre eigene Komplexität, also auf diese ihr eigenen Tatsachen achten, darf diese Komplexität so wenig im Dienst ökonomischer Effizienz reduzieren, wie die Tatsachen deswegen eilig übergehen: „Das Handeln bedarf einer Pluralität, in der zwar alle dasselbe sind, näm-

---

[1] Arendt, Vita activa oder Vom tätigen Leben (1958), 251

lich Menschen, aber dies auf die merkwürdige Art und Weise, dass keiner dieser Menschen je einem anderen gleicht, der einmal gelebt hat oder lebt oder leben wird."[1]

Wenn die Menschen zwanglos übereinstimmen oder auch freiwillig in die Vorschläge einer Regierung einstimmen, dann schließt das Manipulation zwar nicht aus, da es dabei ja auch darum geht, wie gut sich die Bürger informieren können. Doch Macht kann sich eigentlich nur dort entfalten, wo die Menschen Lügen durchschauen, weil sie um das wissen, was der Fall, was Tatsache ist, darüber streiten und genau deshalb auch zu Übereinkünften gelangen. Macht als Ergebnis öffentlicher Kommunikation beruht also zweifellos auf der Wahrheit, um die sich die Gespräche der Bürgerinnen drehen.

5. Die Notwendigkeit der Urteilskraft

Wie aber gelangt man in einem solchen dynamischen politischen Prozess zur Wahrheit der Tatsachen? Es handelt sich ja um einmalige Ereignisse, die von anderen Menschen bezeugt und überliefert werden – dass Deutschland 1914 in Belgien einfiel, dass Trotzki die rote Armee aufbaute, dass im Irak keine Massenvernichtungswaffen gefunden wurden –, so dass man dabei vor allem prüfen muss, wer und was glaubwürdig ist – und das vor dem Hintergrund der unendlichen Vielfalt der Menschen. Mit dem naturwissenschaftlichen Verstand, der sich primär auf allgemeine Naturgesetze konzentriert, kommt man hier sicherlich nicht aus.

In der Politik geht es doch um die Beurteilung von Menschen und um das von ihnen Bezeugte und Vertretene, bzw. darum inwiefern man ihre Auffassungen zu teilen vermag. Dafür braucht man vor allem die politische

---

[1] Arendt, Vita activa oder Vom tätigen Leben (1958), 17

Urteilskraft, die dem gemeinsamen politischen Handeln wie dem öffentlichen Diskurs zugrunde liegt, absolute Standpunkte jedoch ausschließt, geht es hier vielmehr um das Verstehen von anderen Meinungen. Arendt schreibt im nur angefangenen Spätwerk *Vom Urteilen*: „Das Urteil (. . .) reflektiert über die anderen und (. . .) berücksichtigt ihre möglichen Urteile." [1]

Das Urteil misst sich nicht an einer abstrakten Wahrheit der Tatsachen, wie es wirklich war, sondern daran, wieweit man eine Tatsache bezeugen und überprüfen kann. Ohne ein solches Kriterium der Wahrheit, das sich um Annäherung an eine Art Objektivität bemüht, lässt sich ein Urteil nicht begründen. Aber eine solche Bemühung verlangt eine Abgleichung mit den Urteilen anderer, nicht mit einer absoluten Wahrheit. An diesem Anspruch muss sich jedes Urteil orientieren. Das Urteil setzt somit die Kommunikation voraus, die es zugleich selbst erst ermöglicht. So schreibt Arendt: „Ein solches Sagen aber ist in der Einsamkeit nahezu unmöglich; es ist an einen Raum gebunden, in dem es viele Stimmen gibt und wo das Aussprechen dessen, was ‚Wahrheit dünkt', sowohl verbindet wie voneinander distanziert, ja diese Distanzen zwischen Menschen, die zusammen dann die Welt ergeben, recht eigentlich schafft." [2]

Hier klingt wieder Lessing an. Aber Arendts politisches Denken schließt primär an Kant und Jaspers an, die beide die Idee eines kritischen Urteils propagieren, dem sich die Politik einerseits im Lichte der Öffentlichkeit ausgesetzt sieht und dem sie sich letztlich auch verdankt. Arendt schreibt: „Kritisches Denken bezieht sich nicht nur auf Lehren und Vorstellungen, die man von anderen erhält, nicht nur auf Vorurteile und Traditionen, die man

---

[1] Arendt, Das Urteilen – Texte zu Kants Politischer Philosophie, München, Zürich 1998, 91

[2] Arendt, Menschen in finsteren Zeiten (1968), 48

ererbt; vielmehr erst in der Anwendung kritischer Maßstäbe auf sein eigenes Denken erlernt man die Kunst des
kritischen Denkens. Und diese Anwendung kann man
nicht ohne Öffentlichkeit lernen, ohne die Überprüfung,
die aus der Begegnung mit dem Denken anderer entsteht."[1]

Um den Tatsachen in der Politik gerecht zu werden,
reicht keine vorbehaltlose Kritik des Bestehenden, wie sie
beispielsweise Marx übte. Es kann gerade nicht darum
gehen, ein vermeintlich allgemeines Interesse des Proletariats selber zu übernehmen. Nein, wer die Tatsachen in
ihrer Wahrheit erkennen will, braucht nicht nur Distanz
gegenüber anderen, sondern gegenüber sich selbst. Wiewohl man einen unparteilichen Standpunkt vielleicht
niemals erreichen kann, hört man auf, ihn anzustreben,
verfällt man seinen eigenen Vorurteilen. Deswegen muss
man sich selbst kritisch beurteilen, um der Wahrheit in
der Politik überhaupt nahe kommen zu können: So
„ergibt sich die wichtigste Bedingung für alle Urteile, die
Bedingung der Unparteilichkeit, (. . .). Indem man seine
Augen schließt, wird man zu einem unparteilichen, nicht
direkt affizierten Zuschauer sichtbarer Dinge."[2]

Damit erreicht man auch die von Kant so genannte
erweiterte Denkungsart, nämlich von sich selbst abzuse-
hen und sich in die Lage des anderen zu versetzen. Um
den anderen zu verstehen bedarf es zudem noch der Vor-
stellungs- und Einbildungskraft, insgesamt des Denk-
vermögens, alles Fähigkeiten, die den Menschen unter
totalitären Bedingungen ausgetrieben werden – die
Eichmann mangelten: Wer sie nicht hat, funktioniert wie
dieser problemlos und stellt sich nicht vor, was er anstellt. Doch unter Bedingungen der Freiheit, einer demo-

---

[1] Arendt, Das Urteilen, 59
[2] Ebd., 92

kratischen Macht, die sich auf die kritische Zustimmung der Bürgerinnen stützt, die sich der öffentlichen Auseinandersetzung preisgibt, bedarf es genau solcher Kompetenzen.

Denn sie übersteigen das Alltagsgerede, das im wesentlichen aus Klischees, üblichen Redensarten, standardisierten Ausdrucksweisen und Konventionen besteht und das dazu dient, die Wirklichkeit nur selektiv wahrzunehmen – man denke nochmals an Eichmann. Insofern verhelfen sie denn auch nicht nur den Tatsachenwahrheiten zu ihrem Recht gegenüber den ideologischen Verschleierungen, sondern sie müssen der Kommunikation vorausgesetzt werden: Sie ermöglichten, Zusammenhänge herzustellen wie zu überdenken und eröffnen Verstehensmöglichkeiten von Sichtweisen anderer.

6. Macht und die Tugend der Wahrhaftigkeit

Im Zeitalter der großen Ideologien, der Wiederkehr der Religionen wie in dem des Kriegs gegen den Terror werden Unparteilichkeit und erweiterte Denkungsart nicht gerne gesehen. Stattdessen verlangt man Bekenntnisse gegen das so erklärte Böse. Angesichts von terroristischer Bedrohung scheint jedes Mittel legitim, scheint die Staatsraison jeder Frage nach Wahrheit vorherzugehen. Gleichgültig wird, ob man sie mit einer Lüge oder einer Nachlässigkeit durchsetzte – man denke an das Argument, der Irak verfüge über Massenvernichtungswaffen. Doch wenn die Macht von der Akzeptanz durch die Bürger abhängt, dann lassen sich stabile politische Verhältnisse langfristig nicht auf Lüge oder Nachlässigkeit gründen, sondern bedürfen der intensiven Bemühung, die Tatsachen festzustellen, wie sie sind und nicht wie man sie sich wünscht oder sie gerade braucht. Daher gipfelt Arendts Theorie des Urteilens letztlich in einer bestimmten Tugend, die gar nicht politisch erscheint, die für Arendt aber hochpolitisch ausartet, nämlich in der Wahrhaftigkeit. Arendt schreibt: „Bei näherem Zusehen jedoch zeigt sich erstaunlicherweise, dass man der Staatsräson jedes Prinzip und jede Tugend eher opfern kann als gerade Wahrheit und Wahrhaftigkeit. Wir können uns ohne weiteres eine Welt vorstellen, die weder Gerechtigkeit noch Freiheit kennt, und wir können uns natürlich weigern, uns auch nur zu fragen, ob ein Leben in solch einer Welt der Mühe wert sei. Mit der so viel unpolitischeren Idee der Wahrheit ist das merkwürdigerweise nicht möglich. Es geht ja um den Bestand der Welt und keine von Menschen erstellte Welt, die dazu bestimmt ist, die kurze Lebensspanne der Sterblichen in ihr zu überdauern, wird diese Aufgabe je erfüllen können, wenn Menschen nicht gewillt sind, das zu tun, was Herodot als erster bewusst getan hat - nämlich *legein ta eonta*, das zu sagen, was ist."[1]

So hat denn die Verbindung von Wahrheit und Politik im Abendland eine lange Geschichte. Macht gründet sich in letzter Konsequenz weder auf die Gewehrläufe, noch auf Autorität und blinden Gehorsam, sondern auf Anerkennung, die sich der kritischen Beurteilung der Macht im Licht der Öffentlichkeit verdankt. Insofern entsteht Macht aus der Beachtung der Tatsachen, wenn sie sich darum bemüht, nicht nur die eigenen Interessen und Handlungen ins rechte Licht zu rücken, sondern diese einem kritischen Urteil aussetzt.

Dazu muss man versuchen, auch andere Positionen unparteilich zu beurteilen. Wahrheit in der Politik heißt für Arendt dann, den Tatsachen gerecht zu werden, gleichgültig ob sie mit den eigenen Interessen in Einklang stehen oder nicht: Das ist das Ethos der Politik. Der Poli-

---

[1] Arendt, Wahrheit und Politik (1964), 328

tiker, der das vernachlässigt oder der gar nur borniert versucht, die eigenen Interessen durchzusetzen, wird wohl keine stabile politische Ordnung realisieren – man denke an das selbsternannte tausendjährige Reich. Arendt schreibt: „Die Geschichte dieser Haltung, der es nur um die Wahrheit zu tun ist, ist älter als alle unsere theoretischen und wissenschaftlichen Traditionen, (. . .). Ich möchte meinen, dass ihr Ursprung mit der Entstehung der homerischen Epen zusammenfällt, in denen des Liedes Stimme den überwundenen Mann nicht verschweigt und nicht verunglimpft und die Taten der Trojaner nicht weniger gepriesen werden als die der Achäer, die für Hektor zeugen wie für Achill. Eine solche ‚Objektivität' wird man in den anderen Kulturen des Altertums vergeblich suchen; nirgendwo sonst ist man je imstande gewesen, wenigstens im Urteil dem Feind Gerechtigkeit widerfahren zu lassen, nirgendwo sonst zu indizieren, dass die Weltgeschichte *nicht* das Weltgericht ist, dass Sieg oder Niederlage für das Urteil nicht das letzte Wort behalten dürfen, wiewohl sie doch offenbar das letzte Wort sind für die Schicksale der Menschen. (. . .) Hier liegt die geschichtliche Wurzel der gesamten abendländischen ‚Objektivität', dieser merkwürdigen Leidenschaft für intellektuelle Integrität um jeden Preis (. . .)."[1]

---

[1] Ebd., 368

II. KAPITEL

DER ANFÄNGER ALS CHANCE AUSSERINSTITUTIONELLER POLITIK: ARENDT UND DER EXISTENTIALISMUS

In der Einleitung zu *Homo sacer* stellt Giorgio Agamben fest, „dass Hannah Arendt in *The human Condition* keinerlei Anschlüsse an die tiefgehenden Analysen herstellt, die sie zuvor der totalitären Macht gewidmet hat"[1] Das Konzentrationslager spielt in *Vita activa* in der Tat keine Rolle, der Terror auch nicht, unterscheiden beide zusammen in *The Origins of Totalitarianism* die totalitäre Herrschaft von der Tyrannis.

1. Der Totalitarismus angesichts der Conditio humana

Wie schon der Titel sagt – der deutsche Untertitel lautet ja *Vom tätigen Leben* –, geht es in *The human Condition* vielmehr um das Handeln, allerdings nicht im geläufigen alltagssprachlichen noch im sozialwissenschaftlichen oder philosophischen Sinn. Es geht nicht darum, durch bestimmte primär handarbeitliche Formen der vermeintlichen Weltbeherrschung – das Schießen ist dafür besonders signifikant – eine Aktivität zu entfalten, die man philosophisch als das Verfolgen von Zwecken durch kal-

---

[1] Giorgio Agamben, Homo sacer – Die souveräne Macht und das nackte Leben (1995), 10. Aufl. Frankfurt/M. 2015, 14

kulierte Mittel oder sozialwissenschaftlich als den über-
legten Einfluss auf Institutionen oder Netzwerke versteht.
Arendt kritisiert dahingehend die nachsokratische Philosophie, die Handeln als Herstellen deutet, was bis heute
gängiges Verständnis von Handeln geblieben ist.

Aber handelt der Arbeiter am Fließband, – der Schuh-
verkäufer, der Rentenberater, der Rechtsanwalt, der Arzt,
der Pfarrer oder der Soldat? Letzterer allemal nicht, befolgt er schließlich gemeinhin Befehle, höchstens der
Oberkommandierende. Aber eigentlich tut dieser nichts
außer reden, nämlich Befehle zu erteilen, tut er also
schlicht gar nichts, handelt nicht und wird trotzdem womöglich als Held gefeiert. So avanciert der Kommandie-
rende vom Mythos bis heute zum handelnden Helden,
soll demnach der langjährige Nazi-Kanzler Frankreich
erobert haben. Und eigentlich hat dabei niemand gehandelt, weder letzterer gemütlich in der Reichskanzlei, noch
die armen Soldaten im Krieg. Nicht zuletzt die Differenz
zwischen dem Begriff der Handlung und dem, was real
passiert, erschwert die Zuordnung von Verantwortung, so
dass sich Eichmann für verantwortungslos erklären
konnte.

Dagegen versteht Perikles in seiner Totenrede in
Thukydides' *Geschichte des Peloponnesischen Krieges*
politisches Handeln als Selbstzweck, zu dem vor allem die
Beratung, somit Kommunikation gehört, eine Perspekti-
ve, die bei Aristoteles noch nachhallt, wenn politisches
Handeln als solches Glück bedeutet, es sich somit im
Vollzug erfüllt. Für Arendt entscheidend ist dabei die
Kommunikation in der Öffentlichkeit, durch die der Polis
Sinn und Bedeutung verliehen wird, ohne den es indes
gar keine Politik gäbe, die Polis zerfiele. Macht entsteht
für Arendt bereits in *The Human Condition* wie später
1970 angesichts der Studentenrevolten in *Macht und
Gewalt* nicht dadurch, dass ein politischer Führer sich
auf den Gehorsam seiner Gefolgschaft verlassen kann,

den er durch Gewalt sicherstellt, oder indem er sie das Fürchten lehrt, wie es Machiavelli empfiehlt, sondern dadurch dass er Zustimmung ohne ideologische Einschwörung findet. Politisches Handeln ist für Arendt daher primär öffentliche Kommunikation, die sich wie Kommunikation im Privaten primär in ihrem Vollzug erfüllt.

Denn Kommunikation ist für Menschen daher unabdingbar, weil sich Menschen als Individuen voneinander unterscheiden, somit Differenzen zwischen ihnen bestehen, d.h. Zwischenräume, die die Kommunikation überbrücken muss. Denn zur Existenz als Individuum gehört das Zusammenleben mit anderen, das jedoch durch moderne Homogenisierungsprozesse gestört ist. Das weit verbreitete Gefühl der Einsamkeit und der Verlassenheit in den ersten Jahrzehnten des 20. Jahrhunderts diagnostiziert Arendt bereits als Voraussetzung für die *totale Herrschaft*. Denn diese bietet den vereinsamten Menschen ein Gemeinschaftsgefühl, das jedoch gerade nicht auf der Kommunikation zwischen den Menschen beruht, sondern darauf, dass die Differenz zwischen den einzelnen Menschen durch den Terror eingeebnet wird, die Menschen quasi gleichgeschaltet sind, so dass es am Ende aussieht, als gäbe es sie nur in Form einer vereinheitlichten Gruppe, in der jede individuelle Freiheit aufgehoben ist, nämlich jede individuelle Kommunikation und somit auch jede Kommunikation in der Öffentlichkeit, also alles politische Handeln.

Dabei spielt in der Tat das Konzentrationslager eine wichtige Rolle, das jede Form der Abweichung und Individualität, jede Kommunikation vernichtet, psychisch wie physisch, am Ende höchstens das nackte Leben bleibt, dessen Sinn sich auf die Reproduktion der Spezies reduziert bzw. nicht mal auf das, gilt dergleichen höchstens für das Wachpersonal. Menschen unterscheiden sich dann weder voneinander noch von Tieren, was auch für das Wachpersonal gilt. Unter totalitären Bedingungen gibt es Menschen nicht mehr im Plural bzw. in der Besonderheit, sondern nur noch in der Weise, wie man von einer Art spricht. Im Restaurant bestelle ich Kaninchen, und nicht das Kaninchen, das gestern noch beim Ruf ‚Pussy' angehoppelt kam. Der Soldat ist anonym und wird auch derart regelmäßig bedacht: der unbekannte Soldat. Es gibt eigentlich nur Soldaten. Es gibt austauschbare Untertanen, die zwar einen Personenstand haben, den aber primär zum Zweck der Identifizierbarkeit durch die Macht: Manche unbekannte Soldaten sind nicht ganz so unbekannt und werden verehrt. Es verwundert nicht, dass mündige Menschen die Untertanen gerne verachten, jene die brav gehorchen, die Nietzsche als letzte Menschen bezeichnet, wie umgekehrt Untertanen diese Mündigen hassen und eine Blockwart-Mentalität entwickeln.

Es gibt also durchaus eine Linie von *The Origins of Totalitarianism* zu *The Human Condition* und zurück. Allerdings fragt Arendt in letzterem nicht im Sinn von Agamben primär nach den Elementen, die die Zeitgenossinnen auch heute noch ähnlich wie unter totalitären Bedingungen ihrer Individualität berauben, sondern danach, wie Politik im individuellen Sinn trotz totalitärer oder bevormundender Institutionen gedacht werden kann. Arendt darf dabei nicht mehr wie John Dewey in den zwanziger Jahren schlicht voraussetzen, dass die Gesellschaft nun mal aus Individuen besteht, wenn er schreibt: „Die Gesellschaft besteht aus Individuen: Diese offensichtliche und grundsätzliche Tatsache kann keine Philosophie in Frage stellen oder ändern, mit welchen Ansprüchen auf Neuheit sie auch immer auftritt." [1]

---

[1] John Dewey, Die Erneuerung der Philosophie (1920), Hamburg 1989, 231

2. Das Individuum als politischer Anfänger

Um 1920 waren die Auswüchse der totalen Herrschaft noch nicht absehbar. Um im Angesicht des Terrors und des Konzentrationslagers Politik nicht mehr vom nackten Leben aus als Gewaltpolitik zu bestimmen, sondern von der mündigen partizipierenden Bürgerin aus, greift Arendt in *The Human Condition* auf die Antike zurück und fragt nach dem Sinn von Politik, als sich dieser noch aus der Polis ergibt – das hat Agamben offenbar nicht berücksichtigt. Eine ähnliche Bewegung wird gut 20 Jahre später auch Michel Foucault ausführen, wenn er die Spielräume des Individuums gleichfalls im Rückgriff auf die klassische Antike auszuloten versucht, um derart zu seinem Begriff einer Ästhetik der Existenz zu gelangen, der heute durchaus politisch relevant sein könnte. Ähnlich wie Jaspers fragt Arendt seit den fünfziger Jahren ständig nach der Perspektive einer Politik jenseits ihrer totalitären Aufhebung, stellt sie somit im Grunde die Frage, die an Kant angelehnt lautet: Wie ist Politik überhaupt noch möglich? Darüber hinaus: Wie ist Politik nach dem Holocaust noch möglich? Kann man den Tätern einfach verzeihen – man denke z.B. an das südafrikanische Modell der Versöhnungskonferenz – und kann man dann zur alten Tagesordnung zurückkehren? Oder ist ein neues Verständnis von Politik nötig? Braucht die Demokratie mehr individuelle Partizipation, mehr individuelle Mündigkeit, keinesfalls Gehorsam welchen Maßnahmen gegenüber auch immer?

Denn es geht Arendt nicht um eine beliebige Politik, sondern um eine Politik, die von den Individuen getragen wird, nicht vom *Leviathan* und auch nicht von den modernen Bürokratien, bestimmt sie Politik weder im Sinn von Max Weber, Carl Schmitt, Leo Strauss oder Eric

Voegelin! Es ist eine Fragestellung, die sie durchaus in die Nähe von John Stuart Mill und Dewey bringt, wiewohl sie sich von vielen Seiten des real existierenden Liberalismus distanziert. Und die Frage, was den Menschen vom Menschen unterscheidet, also das Individuum vom Menschen als Gattung, die bestenfalls eine Erfindung der Philosophen ist oder ein Machwerk totalitärer Maschinen, diese Frage beantwortet Arendt auch bereits in den *Origins of Totalitarianism*, wiewohl nur kursorisch, wenn sie schreibt: „Alle Freiheit liegt in diesem Anfangenkönnen beschlossen. Über den Anfang hat keine zwangsläufige Argumentation je Gewalt, weil er aus keiner logischen Kette je ableitbar ist, ja, von allem deduzierenden Denken immer schon vorausgesetzt werden muss, um das Zwangsläufige zum Funktionieren zu bringen."[1] In ihrem letzten vollendeten Werk, im zweiten Band *Vom Leben des Geistes* über *Das Wollen* konzentriert sie sich just auf die Frage, was das Individuum zum Individuum macht und vollendet damit ihre gedankliche Bewegung, die den Sinn der Politik bestimmt, obwohl sie nicht mehr dazu kam vollständig auszuführen, was zu diesem Sinn an intellektueller Fähigkeit des Individuums alles vonnöten ist. Vielleicht sollte man an dieser Stelle auf Oskar Negt *Der politische Mensch – Demokratie als Lebensform* aus dem Jahr 2010 verweisen, der sich fleißig auf Arendt bezieht. Ihm geht es darum, die Menschen demokratiefähig zu machen, wozu es für ihn die politische Bildung braucht, deren Ziel es sein muss, *„aus den einigen wenigen* <Anton Schmid> *mehr zu machen*; mehr ist, wie Hannah Arendt in zutiefst humaner Zurückhaltung betont, nicht zu verlangen."[2] Anton Schmid war ein deut-

---

[1] Arendt, Elemente und Ursprünge totaler Herrschaft (1951), 4. Aufl. München, Zürich 1996, 970

[2] Oskar Negt, Der politische Mensch – Demokratie als Lebensform, Göttingen 2010, 970

scher Offizier, der bis zu seiner Hinrichtung 1942 im besetzten Polen Juden rettete und den polnischen Widerstand unterstützte.

Was aber macht den Menschen zum Individuum, das dann mit anderen kommunizieren muss und, wenn es um gemeinsame Angelegenheiten geht, in der Öffentlichkeit? Was unterscheidet den Menschen vom anderen? Arendt beruft sich in ihrer Antwort auf Augustinus, der im *Gottesstaat* schreibt: „Auf dass ein Anfang sei, ward der Mensch geschaffen, vor welchem niemand war".[1] Daher kann es dann bereits in den *Origins* eben heißen – ich zitierte den Satz bereits: „Alle Freiheit liegt in diesem Anfangenkönnen beschlossen."

Aber warum ist der Mensch ein Anfänger, ein initium? Warum möchte Arendt den Menschen lieber als Gebürtlichen titulieren, denn als Sterblichen? Warum habe ich dieses Kapitel überschrieben mit den Worten: Der Anfänger als Chance partizipatorischer Politik? Nun der Mensch ist für Arendt ein Anfänger, der Gebürtliche, und zwar weil er einen Willen hat, der mehr als schlichtes originär dunkles Begehren wie bei Schopenhauer ausdrückt, der sich auch nicht wie bei Kant von der Vernunft dominieren lässt, der also nicht bloß ausführt, was ihm die Vernunft vorschreibt – so ähnlich bei Aristoteles, wiewohl der Begriff des freien Willens in der Antike nicht benutzt wurde.

Dieser Augustinische Wille steht zumindest in einer Wechselbeziehung zum Verstand wie zum Gedächtnis und vermag sich gerade daher äußeren Einflüssen zu entziehen. Darin liegt Augustinus' Freiheit des Willens, der eine eigene Schwere entwickelt und in der Liebe gipfelt, der vor allem dadurch die Individualität ausdrückt und realisiert. Das schafft politische Spielräume für das

---

[1] Zit. Arendt, Vom Leben des Geistes (1973-75): Das Denken – Das Wollen, 2. Aufl. München 2002, 442

Individuum, das auf die Politik nach eigenen Vorstellungen – weil es ein Anfang ist – Einfluss nehmen kann: Arendts Anfänger als Chance; in Anlehnung an Georges Batailles *Atheologische Summe III* unter dem Obertitel *Nietzsche und der Wille zur Chance* geschrieben bis 1944. Bataille deutet damit Nietzsches Konzeption jenseits des vermeintlichen Opus *Der Wille zur Macht* in der finstersten Zeit zu einer Chance um, zu einem Spiel der Freiheit – man denke an das Kind als aus sich rollendes Rad am Anfang des *Zarathustra*. Bataille geht von einem Menschen aus, „*dessen Leben ein ,unmotiviertes' Fest ist*, und Fest in jedem Wortsinn, ein Lachen, ein Tanz, eine Orgie, die sich niemals unterwerfen, ein Opfer, das sich über die Zwecke hinwegsetzt, die materiellen wie die moralischen."[1]

Dementsprechend möchte ich Arendts Philosophie als eine politisch wegweisende Perspektive betrachten, die gerade seit dem letzten Drittel des 20. Jahrhunderts von Bürgerbewegungen zunehmend realisiert wurde, wovon Arendt noch kaum etwas ahnen konnte, Foucault dagegen schon etwas mehr. Es ist ja in der Arendt-Literatur darüber gerätselt worden, warum sie der Bürgerrechtsbewegung kaum Aufmerksamkeit schenkte. Sie denkt noch nicht von der mündigen Bürgerin aus, die ihr Leben selber gestaltet und bei diesem Typus handelt es sich nicht um primär Gebildete, vielmehr haben daran alle Bürgerinnen Anteil.

---

[1] Georges Bataille, Nietzsche und der Wille zur Chance – Atheologische Summe III (1945), Berlin 2005, 27

3. Politisches Handeln in einer kontigenten Welt

Man hat ja Arendts Politikvorstellung von allen politischen Seiten als eine naive Antikenromantik disqualifiziert. Gerade was den politischen Katholizismus betrifft, so darf das nicht verwundern: Das Individuum ist entweder als einzelnes einflusslos, soll es auch bleiben, oder es ist – um mit Leo Strauss zu sprechen – zumindest möglicherweise von Torheit beseelt und sollte sich daher nicht auf natürliche Rechte berufen dürfen. Erst der französische Neothomist Jacques Maritain wird in den fünfziger Jahren wesentlich dazu beitragen, dass sich der Katholizismus mit Demokratie und Menschenrechten versöhnt.

Obendrein wird nicht nur in wissenschaftlichen Lagern der freie Wille bezweifelt, versucht man ständig ihn empirisch zu widerlegen. Und was man empirisch nicht beweisen kann, das gilt den Empirikern wenig. Doch Arendt beruft sich nicht nur auf Augustin, sondern auch auf Duns Scotus, für den der Wille das *principium individuationis* schlechthin darstellt, der als selbstzweckhafte Aktivität wie bei Augustin in der Liebe gipfelt. Die vom Willen bestimmte Handlung erfüllt ihren Zweck im Vollzug – nicht nur ein aristotelischer Gedanke, sondern vor allem eine ähnliche Struktur wie Arendts Konzeption des Handelns als Kommunizieren in *The Human Condition*. Eine Perspektive von Duns Scotus, die in den offiziellen Katholizismus kaum Eingang fand, da Thomas von Aquin nicht nur den Willen der Vernunft unterordnete, sondern auch alles Handeln mit einem Zweck versieht, ist für Thomas denn auch die Erkenntnis Gottes wichtiger als die Liebe zu Gott.

Aber diese individuelle Freiheit des Willens macht natürlich nur Sinn, wenn sie in der Wirklichkeit nicht untergeht bzw. wenn sie nicht von vornherein einer determinierten Welt hilflos gegenübersteht. Nicht nur dass man sich dagegen auf Kants Noumenon berufen kann, das sich empirisch nicht nachweisen lässt. Nicht nur dass alle deterministische Erklärung sich ihrerseits einer bestimmten Interpretation verdankt, die nach Arendt die Idee des freien Willens wiederum voraussetzt, der sich als Ursache sieht – ein ähnliches Argument, wie es Otfried Höffe gegen die Libet-Experimente anführt. Duns Scotus beruft sich vor allem auf die Kontingenz, an die Arendt dezidiert anschließt und die sich modern gesprochen der Komplexität verdankt, die verhindert, dass man Ereignisse vollständig erklären könnte. Zudem beruft sich Arendt auf eine illustre Bemerkung von Duns Scotus, der um 1300 in seinen *Pariser Vorlesungen über Wissen und Kontingenz* schreibt: „Ohne <Kontingenz> wäre eine Orientierung an Tugenden ebenso unnötig wie an Geboten, an Verdiensten, an Belohnungen, an Strafen, an Ehrungen, und in kurzer Zeit würden jegliche politische Ordnung und jedes menschliche Miteinander zerstört werden. Den Leugnern von Kontingenz aber müsste man mit Folterwerkzeugen, mit Feuer und dergleichen zu Leibe rücken und sie so sehr traktieren, bis sie zugeben, dass es möglich ist, sie nicht zu quälen. Damit würden sie eingestehen, dass sie kontingenter Weise und nicht notwendig gequält würden."[1] Aber umgekehrt beinahe notwendig dig verbindet denn Richard Rorty die Kontingenz mit der Ironie. So versteht er „Freiheit als Erkenntnis der Kontingenz".[2]

Politisches Handeln des Individuums setzt jedenfalls eine kontingente Welt voraus, die keinen Masterplan

---

[1] Johannes Duns Scotus, Pariser Vorlesungen über Wissen und Kontingenz (um 1300), Freiburg i.Br. 2005, 81

[2] Richard Rorty, Kontingenz, Ironie und Solidarität (1989), Frankfurt/M. 1992, 87

kennt, die keine übermächtige, unveränderbare Struktur besitzt, die kein Weiser besser als die anderen zu durchschauen vermag und der daher denn auch nicht herrschen sollte. In diesem anti-platonischen Sinn ist orthodoxen Marxisten die Kontingenz genauso ein Dorn im Auge, wie das Individuum als *initium*. Nur als Gemeinschaften, genauer Klassen machen die Menschen ihre Geschichte selber. Doch Marx sitzt dabei im *Achtzehnten Brumaire des Louis Bonaparte* einem gängigen Politikerirrtum auf. Geschichte schreiben die Historiker. Ohne die Beobachter und die Berichterstatter gibt es kein Andenken und keine Geschichtsschreibung, die den Zusammenhang zwischen einzelnen Ereignissen erst herstellt: Ohne Homer kein Odysseus. So ist Arendt allemal die bessere Hegelianerin als Marx, wenn sie außerdem darauf hinweist, dass der Wille als eine autonome Instanz bereits von Paulus entwickelt wurde: Der Wille will den Menschen auf den richtigen Weg bringen, heißt es doch im Römerbrief „Denn ich tue nicht, was ich will; sondern, was ich hasse, das tue ich." [1] Bekannter Weise geht nach Hegel die Freiheit als allgemeine erst im Christentum auf. Nur darf man etwas an dieser paulinischen und somit auch an der arendtschen Freiheit des Willens zweifeln, die Paulus wohl eher der toleranten Religionspolitik Roms entgegenstellt.

---

[1] Paulus, Römerbrief 7,15

4. Vom Anfänger über die Freiheit zum Widerstand

Ironischer Weise schließt Arendt an das Hegelsche Modell implizit stärker an, als ihr wahrscheinlich lieb wäre. Das Modell politischen Handelns als Kommunikation in der Öffentlichkeit entnimmt sie zwar der griechischen Polis, das sich dabei noch nicht des Menschen als Gebürtlichem und somit als *initium* versichert. Es betrifft schließlich auch nur die Athener Bürger, die weder ein Individuum, noch – gegen Foucault gesprochen – das Subjekt kannten. Mit dem Christentum, mit dem freien Willen aller, mit ihrer spontanen Kreativität, die ebenfalls jedem als Individuum ob dessen Gebürtlichkeit eignet, wird nicht nur die Freiheit allgemein, sondern damit auch die Fähigkeit zur öffentlichen Kommunikation und zugleich zur Widerständigkeit, die Thomas Hobbes dagegen – als sie massiv aufbricht – wieder unterwerfen möchte, auf die aber der Nationalsozialismus letztlich stoßen wird, die er nicht ausrotten kann, obwohl er im sprichwörtlichen Sinne alle Hebel dazu so in Bewegung setzt, dass sie hinterher niemand freiwillig bedient haben möchte, sich die Schere zwischen den verantwortungslosen Untertanen und den so Widerständigen wie Freien nicht mehr nur nicht schließen lässt, sondern die einen den anderen niemals mehr verzeihen können – wie gerade der Furor rings um *Eichmann in Jerusalem* bezeugte, man Arendt bis heute selber unter den Arendtianern gerne Arroganz und Elitarismus vorwirft.

Jedenfalls rechne ich Arendt daher zum Existentialismus als Philosophie des individuellen Widerstands und somit der individuellen Partizipation an der Politik, als politische Philosophie. So klingen denn ihre letzten Worte kurz vor ihrem Tod 1975 wie eine Retrospektive einer Philosophie, an die damals niemand mehr dachte, als man vielmehr vom Sozialismus träumte: „Ich sehe durchaus, dass das Argument auch in der Augustinischen Fassung etwas dunkel ist, dass es nur dies zu besagen scheint, wir seien zur Freiheit *verurteilt*, indem wir geboren seien, ob wir nun die Freiheit lieben oder ihre Willkür verabscheuen, ob sie uns ‚passt' oder wir uns lieber ihrer furchtbaren Verantwortung entziehen, indem wir uns einer Form des Fatalismus zuwenden. Dieser tote Punkt, wenn es einer ist, lässt sich einzig mittels eines weiteren geistigen Vermögens überwinden, nicht weniger geheimnisvoll als das Vermögen zum Beginnen: der Urteilskraft, deren Analyse uns mindestens lehren könnte, was es mit unserem Gefallen und Missfallen auf sich hat."[1] Damit endet *Das Wollen.*, was zugleich eine massive Anlehnung an den Existentialismus von Camus, Sartre und de Beauvoir bedeutet, auch wenn sie zur Zeit des Nazi-Terrors weniger individualistisch dachte.

Dass jeder Mensch politische wie private Verantwortung trägt, dass er somit zur Freiheit verurteilt ist, formuliert als erster Sartre 1943 als Philosophie des Widerstands. Wie lauten doch die programmatischen Worte, die Jupiter gegenüber Ägist in Sartres *Die Fliegen* ebenfalls 1943 äußert: „das schmerzliche Geheimnis der Götter und der Könige, dass nämlich die Menschen frei sind. Sie sind frei, Ägist. Du weißt es, und sie wissen es nicht."[2] Ohne daran auch nur im entferntesten zu denken, benehmen sich besonders seit dem letzten Drittel des 20. Jahrhunderts viele Menschen nicht mehr als Untertanen, sondern engagieren sich außerinstitutionell politisch, selbst wenn ihre dabei proklamierten Ziele häufig nicht erreicht werden und ihre Betätigung zumeist den An-

---

[1] Arendt, Vom Leben des Geistes (1973-75): Das Denken – Das Wollen, 443

[2] Jean-Paul Sartre, Die Fliegen (1943), Gesammelte Dramen, Hamburg 1969, 47

schein hat, dass sie sich im Vollzug erfüllt, dass die Kommunikation im Vordergrund steht, Selbstzweck ist – man denke zuletzt an *Occupy*, auch an den öffentlichen Runden Tisch im Fernsehen bei Stuttgart 21.

5. Revolte und die Verantwortungslosigkeit des Untertan

In ihrem Buch *Über die Revolution*, das ihr 1963 den Ruf nur deshalb nicht ruinierte, weil Arendt dergleichen mit *Eichmann in Jerusalem* parallel schon besorgte, bekennt sie sich zur Rätebewegung, weil sie just in den wenigen historischen Augenblicken, wo diese die politische Bühne betrat, den Sinn politischen Handelns quasi als Selbstzweck einer öffentlichen Kommunikation demonstrierte. Vor allem aber sieht sie sich durch die Amerikanische Revolution in dieser Auffassung bestätigt, die sie ja auch als einzige geglückte Revolution der Geschichte bezeichnet. Sie schreibt: „Stimmt man Jefferson zu, so kann man nur folgern, dass die Kolonien der Neuen Welt von Anfang an ein Treibhaus für das gewesen sein müssen, was sich später als ‚revolutionärer Geist‘ enthüllte – nämlich die Erfahrung eines Glücks im Öffentlichen, in der Ausübung legitimer Macht, bzw. nach Jeffersons eigenen Worten in ‚der Anteilnahme an der Regierung und Leitung öffentlicher Angelegenheiten‘."[1] Wenn für Arendt die Französische und die Russische Revolution dagegen gescheitert sind, weil sie ein Reich der Freiheit just dort gründen wollten, wo es nur um die alltägliche Notdurft geht, nämlich durch die Lösung der sozialen Frage, dann ist das Albert Camus' *L'Homme révolté* aus dem Jahr 1951 nicht so fern. Camus verabschiedet die Revolution, weil sie Freiheit und Gerechtigkeit zerstört, während die

---

[1] Arendt, Über die Revolution, München 1963, 163

Revolte – Arendt spricht von Rebellion – einen Appell an die Moral und die Idee der Befreiung mehr oder weniger um des Appells selbst willen darstellt, weil Revolte und Rebellion ja das Markenzeichen des Scheiterns in sich tragen, man sie im Grunde nur um ihrer selbst und der Gerechtigkeit willen betreiben kann. So konstatiert Camus: „Nicht die Revolte an sich ist edel, sondern das, was sie fordert, selbst wenn, was sie erreicht, noch gemein ist."[1] Aber was Genialeres gäbe es, das die Menschen kommunikativ über Befreiung und Gerechtigkeit verbindet, sie also im Sinne Arendts zu Menschen macht?

Just damit unterscheidet Arendt denn auch jene, die für sie gemeinhin eher am Rande der Moralität wie Legalität zuhause sind, von jenen, die die Moral immer hochhalten. Als die Nazis jedoch an die Macht kamen, schlossen letztere sich flugs dem an, was angeblich alle taten, ohne darüber nachzudenken, ob man damit selber zum Verbrecher werden könnte. Dagegen leisteten erstere – also jene am Rande der Legalität – häufiger Widerstand, mussten sie sich dabei auch gar nicht erst auf die Moral berufen. Das, was von Beginn der Naziherrschaft jedem ins Auge springen konnte, wenn er sie denn nicht schloss, das war die repressiv inhumane Seite des Regimes, Terror in diversen Formen, darunter das Konzentrationslager – was die ethische Randgängigen antrieb. Ein Terror, der sich nach 1934 durch ein gewisses Maß an Rationalisierung und Bürokratisierung zu legitimieren versuchte und zugleich darum bemüht war, sich effizienter auszubreiten. So schreibt Arendt bereits 1944: „Und er hat seine neueste, das gesamte Land umfassende Terrororganisation bewusst auf der Annahme aufgebaut, dass die meisten Menschen nicht Bohemiens, nicht Fanatiker, nicht Abenteurer, nicht Sexualverbrecher und nicht Sa-

[1] Albert Camus, L'Homme révolté (1951); dt. Der Mensch in der Revolte, Reinbek 1969, 84

disten sind, sondern in erster Linie ‚jobholder' und gute Familienväter. Es war, glaube ich, Péguy, der den Familienvater den ‚grand aventurier du 20ieme siècle' genannt hat; er ist zu früh gestorben, um in ihm noch den großen Verbrecher des Jahrhunderts zu erleben."[1]

Wie soll man mit solchen Verbrechern umgehen? Man kennt die apologetischen Argumente nicht erst seit *Eichmann in Jerusalem*. Wenn die Verbrecher nicht vorher schon gute Familienväter waren, dann versuchten sie es wie ein Erich Priebke hinterher zu sein und wollten damit demonstrieren, dass sie eigentlich doch ganz andere Menschen seien, dass das, was sie Verbrecherisches getan hatten, ja nur auf Befehl anderer getan hätten, dass sie es selbst ja gar nicht gewesen wären. Darauf bemerkt Arendt 1965 in Vorlesungen an der *New School for Social Research*, auf Deutsch 2003 erschienen unter dem Titel *Über das Böse*: „Das lästige an den Nazi-Verbrechern war gerade, dass sie willentlich auf alle persönlichen Eigenschaften verzichteten, als ob dann niemand mehr übrig bliebe, der entweder bestraft oder dem vergeben werden könnte."[2] Wenn man einen Mörder begnadigt, dann entschuldigt man nicht seine Tat, sondern verzeiht der Person. Man kann den Nazi-Verbrechern daher nicht verzeihen, weil sich niemand dazu bekennt, niemand zugibt die Verbrechen getan zu haben im Sinne dessen, dass er dafür eine Verantwortung trüge, vielmehr darauf insistiert, sie eigentlich gar nicht gewollt zu haben. So kann auch niemand seine Taten bereuen. Die Taten haben keinen Täter. Es bleibt in Arendts Ausführungen offen, ob sie ein Argument des Jesus von Nazareth auf die Naziverbrecher übertragen würde. Jesus vergibt zwar alle Sünden, die sich aus der Erbsünde ergeben. Aber es gibt verwerfliche

---

[1] Arendt Organisierte Schuld (1944); in: dies., Die verborgene Tradition – Essays, Frankfurt/M. 2000, 44

[2] Arendt, Über das Böse (1965/6), München 2006, 101

Taten, über deren Täter man nur sagen könnte, es wäre besser, sie wären nie geboren worden, oder sie wären besser mit einem Mühlstein am Hals ertrunken. Wenn man weniger radikal sein möchte, muss man im Sinn von Arendt fragen, ob den Tätern eine Persönlichkeit eignete.

6. Sartre, Arendt und Foucault

So erweist sich das nackte Leben als verantwortungslos, unfrei, weil zur Freiheit nun einmal die Person gehört, wie diese umgekehrt in den Konzentrationslagern in einer Nummer verschwindet. Und wenn sich die Opfer an den Taten der Henker beteiligen, so ist das für Arendt genauso wenig entschuldbar, wurden die Kapos in den KZs zumeist bei der Befreiung umgebracht. Und welche Schuld tragen Judenräte, die mit den Nazis kollaborierten, selbst wenn sie dafür ein Entgegenkommen ernteten? Der Täter gar will das nackte verantwortungslose Leben sein, das Opfer wird darauf degradiert, der Kollaborateur möchte ein Held sein und ist doch mit Sartre gesprochen nichts anderes als ein *Salaud*. Für Agamben „hat Hannah Arendt in *The Human Condition* bereits Ende der fünfziger Jahre (also fast zwanzig Jahre vor *Der Wille zum Wissen*) den Prozess analysiert, der den *homo laborans* und mit ihm das biologische Leben zunehmend ins Zentrum der politischen Bühne der Moderne rückt. Sogar die Veränderung und den Niedergang des öffentlichen Raumes hat Hannah Arendt auf diesen Vorrang des natürlichen Lebens vor dem politischen Handeln zurückgeführt. Dass ihre Forschungen praktisch ohne Nachfolge geblieben sind und Foucault sein biopolitisches Feld ohne Bezug auf sie hat eröffnen können, zeugt von den Schwierigkeiten und Widerständen die das Denken in diesem

Bereich zu gewärtigen hatte."[1] Arendt und Foucault bleiben die Außenseiter mit den unangenehmen Wahrheiten, jedenfalls für jene, die noch mit der Welt der Untertanen liebäugeln aus welchen Gründen auch immer oder die eine Welt mündiger Bürger für gefährlich halten. Just dadurch wurden Arendt und Foucault gedankliche Wegbereiter einer partizipatorischen Politik, auch wenn sie von den Revoltierenden und Bürgerbewegten kaum wahrgenommen werden. Stéphane Hessel zitiert 2010 lieber Sartre: „Sartre lehrte uns, dass wir selbst, allein und absolut, für die Welt verantwortlich sind – eine fast schon anarchistische Botschaft. Verantwortung des Einzelnen ohne Rückhalt, ohne Gott. Im Gegenteil: Engagement allein aus der Verantwortung des Einzelnen."[2] Doch das war auch Arendts Programm, das sich durchaus christlichen Motiven verdankt und Foucault steht dem in seinen letzten Vorlesungen 1983-84 gar nicht so fern, allerdings primär im Rückgriff auf die klassische Antike. Wenn es um Mündigkeit, Ablehnung des Gehorsams und individuelle Autonomie geht, dann gehören Sartre, Arendt und Foucault zusammen.

---

[1] Agamben, Homo sacer – Die souveräne Macht und das nackte Leben (1995), 13

[2] Stéphane Hessel, Empört Euch! (2010), Berlin 2011, 11

III. KAPITEL

POLITISCHES ENGAGEMENT UND EMANZI-PATION: ARENDT UND BUTLER

Arendt war weder Feministin noch interessierte sie sich besonders für die Emanzipation der Frauen. Vielmehr beschäftigt sie sich gar mit einem Thema, das Vertreterinnen des Feminismus entweder übergehen oder als patriarchalische Animation betrachten, die Frauen daran hindert, sich zu emanzipieren. Arendt indes schreibt in den dreißiger Jahren: „Schönheit kann eine Macht sein bei Frauen, und Judenmädchen werden manchmal nicht nur ihrer Mitgift wegen geheiratet. (. . .) In einer Frau schafft Schönheit die Distanz, aus der her sie urteilen und wählen kann. Keine Klugheit und keine Erfahrungen können den Mangel solch natürlich gegebenen Raumes für die Urteilskraft aufholen."[1] Über die Literatin Karen (Tania) Blixen, die unter dem Namen Isak Dinesen publizierte, bemerkt Arendt ohne mürrischen Unterton, sie sei sich darüber klar gewesen, ihren wenig familienbegeisterten Liebhaber, den Abenteurer Denys Finsch-Hatton nur durch ihre Schönheit halten zu können, nicht aber etwa durch Häuslichkeit. Offenbar bewunderte Arendt eher die familienfeindlichen Abenteurer als die biederen Familienväter, die sie ja als die großen Verbrecher des Jahrhunderts tituliert. Kommunikation hat offenbar nicht nur

---

[1] Rahel Varnhagen – Lebensgeschichte einer deutschen Jüdin aus der Romantik (1933, 1938; 1958), 12. Aufl. München 2003, 19

einen politischen Sinn, sondern auch einen erotischen, der die Menschlichkeit durch Lust erst entfaltet, nicht durch Mitleiden und Opferbereitschaft. Arendt: „Gewiss war sie ebenso begierig zu unterhalten wie Scheherazade, sicherlich wusste sie ebenso gut, dass es ihr Tod sein würde, gelänge es ihr nicht mehr zu gefallen."[1]

1. Geschlecht als Performativum

Trotzdem kann man von dieser Einschätzung Arendts durchaus eine Beziehung zu Judith Butlers provokanten Thesen über Sex und Gender herstellen. Butler durchlöchert nämlich mit ihren Anschlüssen an die postmoderne Philosophie feministische Gewissheiten über das Wesen der Frau, das sich so wenig natürlich wie kulturell eindeutig bestimmen lässt. Damit steht die Geschlechtsidentität in Frage: „Wenn wir den kulturell bedingten Status der Geschlechtsidentität als radikal unabhängig vom anatomischen Geschlecht denken, wird die Geschlechtsidentität selbst zu einem freischwebenden Artefakt. Die Begriffe Mann und männlich können dann ebenso einfach einen männlichen und einen weiblichen Körper bezeichnen wie umgekehrt die Kategorien Frau und weiblich."[2]

Dass Geschlechtsidentitäten wechseln können, dass man sich ihrer zu bedienen vermag, führen gerade die Homosexuellen vor. Geschlechtsidentitäten ergeben sich also nicht mehr aus einer biologischen Funktion, sondern aus dem Umgang mit ihnen, der primär symbolisch und damit sprachlich stattfindet, bzw. eine Sprache spricht: „Hinter den Äußerungen der Geschlechtsidentität", be-

---

[1] Arendt, Menschen in finsteren Zeiten (1968), 2. Aufl. München 1989, 120

[2] Judith Butler, Das Unbehagen der Geschlechter (1990), Frankfurt/M. 1991, 23

merkt Butler, „liegt keine geschlechtlich bestimmte Identität. Vielmehr wird diese Identität gerade performativ durch diese ‚Äußerungen' konstituiert, die angeblich ihr Resultat sind."[1] Wenn Geschlechtsidentitäten nicht mehr biologisch basiert und fixiert sind, dann kann man sie verändern, kann man mit ihnen spielen, ja sie stellen eine Form der Kommunikation dar, in der man sich optional bewegen kann. Sie werden letztlich künstlich produziert wie die Schönheit, auch wenn Arendt dieser im Falle *Rahel Varnhagens* eine eher natürliche Herkunft zuschreibt, sah diese sich in dieser Hinsicht besonders benachteiligt – aber Rahel Varnhagen schreibt auch in einer Zeit, in der Frauen noch keinesfalls sexy aussehen durften und Sexyness ist von Schönheit weitgehend unabhängig. Sie hatte noch nicht die Chance durch Sexyness etwas von vermeintlich fehlender Schönheit zu kompensieren, was ja allein schon durch Styling möglich ist, nicht aber im prüden 19. Jahrhundert.

Butler inspiriert mit dieser performativen Geschlechtsidentität nicht abstrakt eine hypothetische Form der Politisierung des Geschlechts, sondern konkret die Transgender-Bewegung. Sie schreibt: „Die parodistische Wiederholung der Geschlechtsidentität deckt zudem die Illusion der geschlechtlich bestimmten Identität (*gender identity*) auf, die als unergründliche Tiefe und innere Substanz erscheint. Als Effekt einer subtilen und politisch erzwungenen Performanz ist die Geschlechtsidentität gleichsam ein ‚Akt', der für Spalten, Selbstparodie, Selbstkritik und hyperbolische Ausstellungen ‚des Natürlichen', die gerade in ihren Übertreibungen ihren grundsätzlich phantasmatischen Status offenbaren, offen ist."[2] An so etwas hätte Arendt sicherlich nicht gedacht. Doch

---

[1] Ebd., 49
[2] Ebd., 219

jenseits der Naturanlage öffnet sich mit der Schönheit als Macht die Türe zur Performanz, somit der Gestaltbarkeit, um derart eine vermeintlich natürlich präfigurierte Person zu verändern.

Während Butler mit dieser These berühmt wurde, dass selbst das biologische Geschlecht einen sprachlichen Grund hat, präsentiert sich die Macht der Schönheit bei Arendt nur als ein peripheres Thema, das vergleichbar blass bleibt und sich nur schwer in Bezug zu ihren zentralen politischen und ethischen Anliegen setzen lässt. Bei Butler gewinnt dagegen die Parodie des Geschlechts eine unmittelbar politische Dimension, die nicht ohne ethische Konsequenzen bleibt. Denn die Parodie der Geschlechtsidentität erweist sich keineswegs als eine bloß karnevalistische Angelegenheit. Mit ihr hintergeht man die traditionelle Lebensform der monogamen Ehe, die im 19. Jahrhundert quasi als Regime herrschte, als einziger legaler Ort für sexuelle Praktiken, um sich im 20. jedoch zunehmend aufzulösen. Daran waren nicht nur Individualisierungsprozesse beteiligt, sondern in deren Folge vornehmlich die Emanzipationsbestrebungen der Homosexuellen sowie diverser Gender-Gruppen – von den Frauen ganz zu schweigen. Das fördert nicht nur die sozialen Pluralisierungsprozesse, sondern konfrontiert die westlichen Gesellschaften mit einer bis dahin jedenfalls öffentlich nicht gewohnten Form abweichenden Verhaltens. Ohne sich zu verstecken frönen andere Menschen anderen sexuellen Vorlieben und entwickeln auch noch andere Lebensformen.

2. Verantwortung im Sinn von Lévinas

Angesichts dieser Prozesse sozialer Differenzierung, an denen Judith Butler sowohl lebensweltlich als auch theoretisch beteiligt ist, verwundert es nicht, dass sie sich denn auch mit der Ethik auseinandersetzt. Denn diese Differenzierungen führen natürlich zu diversen sozialen Konflikten, die rechtliche aber auch ethische Fragen aufwerfen, beispielsweise: Wie wird der hegemoniale Anspruch der traditionellen Lebensform begründet? Wie lässt sich dieser Anspruch hinterfragen? Haben soziale Minderheiten einen Anspruch auf ein öffentlich abweichendes Verhalten und somit auf andere Lebensformen? Fragen, die man in etwas anderer und tragischerer Perspektive auch bei Arendt formulieren könnte.

Soweit hegemoniale Diskurse ethisch und nicht religiös argumentieren stützen sie sich zumeist auf eine normative Ethik, häufig sogar im Sinne von Kants Moralgesetz, das von ethischen Maximen verlangt, verallgemeinerbar zu sein. Gerade hinsichtlich der von der Tradition abweichenden Lebensformen von Minderheiten lässt sich das Prinzip der Verallgemeinerbarkeit normativer Maxime leicht missbrauchen, um die Hegemonie der traditionellen Lebensform weiterhin durchzusetzen und Alternativen zu unterdrücken – auch wenn man sich damit zu Unrecht auf Kant beruft. Gerade das sind Einschätzungen, die Arendt mit auf den Weg des Denkens gebracht hat.

Es verwundert folglich nicht, dass Butler in ihren 2002 in Frankfurt gehaltenen Adorno-Vorlesungen statt auf die normative Ethik, auf Emmanuel Lévinas' Begriff der Verantwortung zurückgreift, und zwar unter dem für heutige Frankfurter Ohren sicherlich immer noch provokanten Titel *Kritik der ethischen Gewalt*. Doch wie sich bereits andeutet, bedient sich die Ethik durchaus der Gewalt, um sich durchzusetzen, nicht allein des zwanglosen Zwangs des besseren Arguments. Sowenig befördert sie immer das Gute und die Humanität – Einsichten, die auch Arendt bereits kamen. Es kann zu viele Gutmenschen geben, bemerkt doch bereits Montesquieu 1748: „Wer hätte das gedacht: Sogar die Tugend hat Grenzen nötig."[1] Moralisten können sehr rigoros sein. Nicht selten setzen sie ihre Prinzipien am Ende mit Gewalt durch – man sollte dabei nicht nur an Robespierre und Saint-Just denken, sondern an alle zeitgenössischen Blockwarte. Seit Marx nämlich die Moral als Moral der herrschenden Klasse disqualifizierte, seit Nietzsche im Innern der Moral den Willen zur Macht der Armen, Schwachen und Kranken erkannte und Freud im schlechten Gewissen den Ursprung psychischer Erkrankungen diagnostizierte, seither akzeptiert man gerade die normative Ethik nicht mehr als selbstverständlich immer gut, friedlich gewaltlos und schon gar nicht human. Andere angeblich zu schützen, heißt diese vor allem zu bevormunden und von ihnen dasselbe zu verlangen, ohne sie fragen zu müssen. Arendt hat derart längst den Hintergrund totaler Herrschaft beschrieben.

Judith Butler bekräftigt in ihren Vorlesungen nicht bloß jene These von Marx bis Adorno, dass Ethik Gewalt ausüben kann, geschweige denn dass sie diese Diagnose einfach zurückweisen würde. Sie fragt vielmehr sehr sensibel danach – und das macht die Spannung der Vorlesungen aus –, wie man ethische Gewalt eindämmen kann. So schließt sie an Lévinas an, wenn sie schreibt: „Möglicherweise erscheint die Frage der Ethik genau an den Grenzen unserer Systeme der Verständlichkeit, dort, wo wir uns fragen, was es heißen könnte, einen Dialog

---

[1] Charles de Secondat, Baron de Montesquieu, Vom Geist der Gesetze (1748), Stuttgart 1965, 211

fortzuführen, für den wir keine gemeinsame Grundlage annehmen können und wo wir uns gleichsam an den Grenzen unseres Wissens befinden und dennoch Anerkennung zu geben und zu empfangen haben."[1]

Moralisch verhält man sich nach Lévinas nur dann, wenn man den Andern in seiner Fremdheit anerkennt, vor allem ihn dort auch belässt – also nicht von ihm verlangt, sein Leben zu ändern – und trotzdem für ihn die Verantwortung übernimmt – das Gegenteil von dem, wie die Medizin mit Menschen umgeht. So schreibt Lévinas: „Das Andere aber, das absolut anders ist – der Andere – begrenzt nicht die Freiheit des Selben. Indem der Andere die Freiheit zur Verantwortung ruft, setzt er sie ein und rechtfertigt sie."[2] Lévinas entwickelt diese Konzeption aus der Erfahrung des Holocaust heraus. Verantwortung zu übernehmen heißt, dem fremden Anderen nicht nur allgemeine Rechte – Grundrechte oder Menschenrechte – zu attestieren, sondern dafür zu sorgen, dass die darin formulierte Menschenwürde auch tatsächlich gewahrt wird. Für Lévinas entspringt denn in der Begegnung mit dem Anderen die Verantwortung, folglich die Freiheit und die ethische Beziehung als solche. Die Ethik reicht somit konkreter in die Zwischen- und Mitmenschlichkeit hinein, als dass sie nur Prinzipien liefern würde, um die Mitglieder der eigenen Gemeinschaft so zu organisieren, dass sie sich unterordnen und Gefolgschaft leisten, um die Gemeinschaft in den Kampf mit anderen zu führen – der faktische Sinn der traditionellen Normenethik, jedenfalls seit dem 19. Jahrhundert – den man bei Max Weber, Max Scheler und Ernst Jünger findet, mit der sich Arendt konfrontiert sah.

---

[1] Butler, Kritik der ethischen Gewalt (2002), Frankfurt/M. 2003, 31

[2] Emmanuel Lévinas, Totalität und Unendlichkeit – Versuch über Exteriorität (1961), Freiburg, München 1987, 282

Verantwortliches Handeln steht dagegen unter der Schwierigkeit, dass ich für den Anderen verantwortlich zeichne, nicht weil ich ihn kenne, nicht weil er mir gleicht, sondern weil er ein Fremder bleibt, den ich nie durchschauen werde. Butler schreibt: „Die Einzigartigkeit des Anderen ist mir ausgesetzt, aber meine ist auch ihm ausgesetzt, und das heißt nicht, dass wir gleich sind, das heißt nur, dass wir durch unsere Unterschiede, d.h. durch unsere Singularität, aneinander gebunden sind."[1] Gerade die lévinassche Position selbst bekundet noch negativ, dass es sehr schwer fällt, das Andere als Fremdes wirklich als genauso wertvoll wie das Eigene einzuschätzen.

Andererseits bestätigt Butlers feministische Perspektive, dass die Andersheit des Anderen nicht zu Unrecht zum Angelpunkt der Ethik im 20. Jahrhundert avanciert, nicht zuletzt auch deshalb, weil die normative Ethik dem Pluralismus der modernen Gesellschaften nicht gerecht zu werden vermag. Bei Butler weckt die Andersheit ähnlich wie bei Lévinas überhaupt die Verantwortung, wäre die Gleichheit kein besonderes ethisches, sondern eher ein egoistisches Motiv: Verantwortung für andere Menschen zu übernehmen, nicht weil sie mir gleichen, sondern weil sie mir fremd sind, fordert meine Verantwortung heraus, und zwar durch das nackte Angesicht, nicht durch das verhüllte, für das ich im Sinn von Lévinas eigentlich nicht verantwortlich bin. In dieser individualistischen Perspektive entwickelt auch Adriana Cavarero eine feministische Philosophie, die sich der ethischen Orientierung an einer Gemeinschaft entzieht. Sie greift nicht nur auf Lévinas zurück, sondern nach Butler auch auf Arendt. Butler zitiert Cavarero mit den Worten, die diese 1997 schreibt: „Tatsächlich scheint vielen revolutionären Bewegungen (vom traditionellen Kommunismus bis hin

---

[1] Butler, Kritik der ethischen Gewalt (2002), 47

zur feministischen Schwesternschaft) ein merkwürdiger sprachlicher Code gemeinsam, der auf der inneren Moral der Pronomen basiert. Das *Wir* ist immer positiv, das *Ihr* ist ein möglicher Verbündeter, das *Sie* (im Plural) hat das Gesicht des Gegners, das *Ich* ist ungehörig, und das *Du* ist natürlich überflüssig."[1]

Anders als Cavarero ist Butler indes nicht der Auffassung, dass man das Wir aufgeben sollte. Das Ich verdankt sich so wenig wie das Du seiner selbst. Vielmehr handelt es sich um Sprachformen, die Umgangsweisen entspringen, die unabhängig von jedem einzelnen Ich sind. „Die Normen, nach denen ich mich anerkennbar zu machen suche, sind nicht wirklich meine. Sie kommen nicht mit mir in die Welt; die Zeitlichkeit ihres Erscheinens deckt sich nicht mit der Zeitlichkeit meines eigenen Lebens."[2] Wenn sich Menschen aus der traditionellen Lebensform lösen, so erlaubt das gerade nicht, die Vertreter derselben als ein aussterbendes Geschlecht zu betrachten. Vielmehr transformieren sie sich zu jenen Menschen, mit denen man sich letztlich gezwungen sieht, miteinander zu leben.

3. Macht als Produkt freiwilliger Teilhabe

Arendt und Butler leben natürlich verschiedene politisch soziale Konflikte. Während Butler also mitten in die Generation hineingeboren wurde, die sich in den siebziger Jahren emanzipierte und die dabei die Pluralisierung der Gesellschaft miterlebte, erleidet Arendt die radikale Vernichtung jeder gesellschaftlichen Pluralität durch den Nazi-Terror. Während Butler eine gläubige Diaspora-Jüdin ist, die sich aus dieser sozialen Einbindung heraus auf den Weg macht, nicht nur neue Lebensformen zu

---

[1] Adriana Cavarero, Relating Narratives, London 1997, 91
[2] Butler, Kritik der ethischen Gewalt (2002), 48

erproben, sondern vor allem avanciert zu überdenken, sieht sich Arendt als säkulare Jüdin durch den Antisemitismus auf ihr jüdische Herkunft zurückgeworfen, deren religiöse Tradition ihr erheblich weniger Halt bietet als die abendländische Philosophie, insbesondere Aristoteles und Kant, führt sie ihren Kampf gegen die Nazis philosophisch nicht religiös.

Arendts Judentum drückt sich in ihren Werken der dreißiger und vierziger Jahre primär in einer Analyse des Judenhasses und des Antisemitismus aus. Ersterem geht sie in ihrer Studie über *Rahel Varnhagen* nach, letzterem in ihrem Opus Magnum *Elemente und Ursprünge totaler Herrschaft*. Der soziale Pluralismus des Salons endet 1806 mit dem Einmarsch Napoleons in Berlin, der eine Welle von Judenhass auslöst. Gegen Ende ihres Lebens muss Rahel Varnhagen einsehen, dass man sich an eine von Judenhass gezeichnete Gesellschaft nur assimilieren kann, wenn man selber diesen Judenhass übernimmt.

Die nationalstaatlichen Bemühungen um soziale Stabilisierung gegen Ende des 19. Jahrhunderts stützen sich auf einen rassistisch begründeten Antisemitismus und versuchen Juden sozial auszugrenzen. Arendt erlebt selbst noch als junge Frau einen massiv bedrohten Pluralismus, der nicht zuletzt dadurch für sie zu einem Faktum wird, das sich nur durch die Vernichtung des Anderen aufheben lässt, was die Nazis dann wirklich in die systematische Tat umsetzten – etwas, was man nicht für möglich gehalten hätte, was schon gar nicht die späteren Opfer ahnen konnten.

Es verwundert daher nicht, dass Arendt von der Unterschiedlichkeit der Menschen ausgeht, somit von einer Pluralität, bei der zwar alle Menschen Menschen und insofern auch gleich sind. Aber alle sind auch absolut einmalig, existieren anders als alle anderen nur einmal und können in keiner Weise wiederkehren, weder in Kindern, Genossen, Genen oder sonstigen Phantasmen.

Die Menschen unterscheiden sich bereits als einzelne, nicht erst nach Religionszugehörigkeit oder Ethnie – eine These, die die verschiedenen politischen Ideologien und politischen Religionen – dieser Begriff wird hier nicht im Sinn von Eric Voegelin gebraucht, denke man vielmehr an den politischen Islam – der ersten Hälfte des 20. Jahrhunderts nicht gerne hören. Ob Nationalisten, Sozialisten, selbst Liberale brauchen die Gefolgschaft der Zeitgenossen, ihren Gehorsam und ihre Untertänigkeit, um innen- wie außenpolitische Probleme zu lösen. Deswegen muss man die Menschen für gleich erklären, die derart der Gemeinschaft zu dienen haben. Unterschiedlichkeit erlaubt Besonderheiten und somit Individualitäten, die sich solcher Unterordnung entziehen könnten.

Arendt verbindet mit diesem quasi natürlichen Pluralismus im Anschluss an Kant Mündigkeit und im Anschluss an Nietzsche Kreativität. So bemerkt sie in *Vom Leben des Geistes*: „Zweifellos ist jeder Mensch, indem er geboren wird, ein neuer Anfang, und sein Vermögen des Anfangens könnte durchaus dieser Tatsache des menschlichen Lebens entsprechen."[1] Für besagte Ideologien droht mit der Mündigkeit und der Kreativität ein Abdriften in den Individualismus, den aber Arendt selbst nicht intendiert, wiewohl sie mit ihren Konzeptionen dazu durchaus eine Grundlage legt, die im Sinne von Emanzipationsprozessen weiter gedacht werden kann, wie man es bei Butler in ihrem Anschluss an den Verantwortungsbegriff, an Lévinas und Cavarero wieder findet.

Daher bekämpfen sowohl der Nationalsozialismus wie der Stalinismus die gesellschaftliche Pluralität mit allen Mitteln. Ihren Begriff totaler Herrschaft entwickelt Arendt just vor dem Niedergang sozialer Pluralität, was sie selber erleben und erleiden musste. Bereits der Natio-

---

[1] Arendt, Vom Leben des Geistes (1973-75): Das Denken – Das Wollen, 2. Aufl. München 2002, 248

nalstaat des 19. Jahrhunderts versucht durch den Antisemitismus die soziale Pluralität zu reduzieren, um durch die Bemühung um Einheit die diversen sozialen Herausforderungen zu meistern. Totale Herrschaft intensiviert diese Bemühung, dürfen die Menschen politisch ihre Stimme nicht mehr erheben, auch miteinander darüber nicht mehr reden. Politische Kommunikation überhaupt wird stillgelegt. Denn Kommunikation ist nötig, weil die Menschen unterschiedlich sind und sie durch Kommunikation diese Unterschiede zwischen ihnen überbrücken müssen, eben um zum fremden Anderen eine Verbindung herzustellen.

Indem durch Terror und Propaganda totale Herrschaft die Unterschiede zwischen den Menschen einebnet, werden sie nicht nur aneinander angeglichen, also gleichgeschaltet. Es gibt dann auch nichts mehr, worüber sie kommunizieren müssten bzw. dürften, jedenfalls politisch. Die Zeitgenossinnen werden depluralisiert, so dass sie als Einheit erscheinen, die sich gerade nicht aus Individuen konstituiert, sondern aus einer Herde gleicher Tiere besteht – etwas das auch droht, wenn man das Gesicht verliert. Diese Einheit erscheint dann als die entscheidende, alles bewegende historische Macht, die in Natur und Geschichte einzugreifen vermag, deren Prozesse stoppen bzw. zu lenken vermag.

Arendt unterscheidet die totale Herrschaft von traditionellen Tyranneien und Diktaturen durch den Terror von Geheimpolizei und Konzentrationslager, in dem man Massen von Menschen inhaftiert: das Ende jeder Form von Pluralität. Diese ist nicht unbedingt das Problem gängiger Diktaturen. Im Gegenteil, die absolutistischen Monarchen brauchten die Juden nicht nur als Banker, sondern auch ob deren geographisch weitreichenden Netzwerken, die halfen, Feldzüge zu organisieren.

Vor diesem Hintergrund verabschiedet sich Arendt denn auch vom traditionellen Machtbegriff, der sich bei

Max Weber oder Carl Schmitt auf Gehorsam und Gewalt stützt. Macht entsteht für Arendt nicht dadurch, dass sich ein Souverän auf die Gewehrläufe stützt, sondern dadurch dass freie Bürger aus eigener Einsicht heraus Institutionen und Gesetze schaffen, die sie dann auch freiwillig befolgen. Diese Freiwilligkeit ist die Basis von Macht, die delegiert wird an Repräsentanten und die auch leicht wieder entzogen werden kann bzw. die dann nicht mehr besteht, wenn die Bürger den Institutionen und Gesetzen nicht mehr folgen, wenn sie sich womöglich sogar passiv widersetzen. Als die Bürgerinnen 2020 anfingen, der Aufhebung der Bürgerrechte nicht mehr zu folgen, wurden Strafen verschärft und durch die Polizei durchgesetzt. In diesem Augenblick war der bereits vorhandene Ausnahmezustand endgültig realisiert, stützen sich die Institutionen auf nicht mehr durch Menschenrechte legitimierte Gewalt, die somit reine Gewalt wurde, die sittliche Verhältnisse aufhebt, so dass es gar kein Kriterium für Gewalt mehr gibt. Polizei schafft dann durch ihre Gewalt Recht, das im Grunde kein Recht mehr ist, weil der Ausnahmezustand ein Naturzustand ist, der sich gerade an kein Recht rückkoppelt, das er schließlich aufgehoben hat.

Arendt hegt gewisse Sympathien für die Räte, wie sie in der Pariser Kommune 1871 oder 1919 in der Münchner Räterepublik immer nur kurze Zeit regierten. So schreibt sie: „Der große Enthusiasmus für das Rätesystem lässt sich in der Tat nur dadurch erklären, dass ‚jeder Einzelne sich hier mithandelnd findet und seinen Beitrag in den Ergebnissen des Tages gleichsam vor Augen sieht‘.“[1] Arendt lobt in ihrem Buch *Über die Revolution* auch die Volksversammlungen, die sich während der amerikanischen Unabhängigkeitsbewegung bildeten, weil sich Bür-

---

[1] Arendt, Über die Revolution, München 1963, 338

ger aktiv an ihrem Gemeinwesen beteiligten. Derart verdankt sich Macht, die den Namen verdient, der gesellschaftlichen Pluralität, womit Arendt eigentlich dem emanzipatorischen Zeitgeist der siebziger und achtziger Jahre entspricht, ohne dass dies bis heute groß bemerkt worden wäre – von Butler schon –, wird Arendt vielmehr mit ihrem Hang zur griechischen Antike gerne politischer Romantizismus attestiert. Aber Arendt antizipiert mit ihrem Konzept des Pluralismus und mit ihrem Machtbegriff die diversen Bürgerinnen- und Emanzipationsbewegungen seit jenen Jahren in einer sich zunehmend pluralistisch generierenden Welt, wiewohl sie sich mit den *Gender Trouble*s selbst keine Probleme machte, noch dass diese ihr Unbehagen bereitet hätten.

4. Das Recht auf gemeinsames Leben auf der Erde

2012 publiziert Judith Butler ihr Buch *Am Scheideweg*, in dem sie auf Arendts Konzept der Pluralität zurückgreift und Arendts *Eichmann in Jerusalem* diskutiert. Als Jüdin kritisiert Butler die Politik Israels ähnlich wie Arendt und sieht sich mit dem Einwand konfrontiert, dass jede Kritik an Israel antisemitisch sei. Deswegen will sie einerseits ihre Kritik auf Quellen stützen, die sie der jüdischen Tradition entnimmt, gleichzeitig aber dem Vorwurf entgehen, sie würde die exklusive jüdische Hegemonie fortschreiben. Vielmehr will sie diese überschreiten, um sie in einen allgemeineren, keinesfalls rein jüdischen Horizont einzuordnen: „Die Opposition gegen den Zionismus verlangt den Bruch mit einem exklusiv jüdischen Denkrahmen der Ethik sowie der Politik."[1]

---

[1] Butler, Am Scheideweg – Judentum und die Kritik am Zionismus (2012), Frankfurt, New York 2013, 10

Prinzipien der Gerechtigkeit kann man zwar aus einer bestimmten Tradition ableiten. Aber dabei dürfen natürlich andere Traditionen nicht entwertet werden. Ja, es liegt gar nicht so fern, davon auszugehen, dass wenn es gelingt, Prinzipien der Gerechtigkeit aus einer Tradition abzuleiten, dass dabei diese Tradition automatisch überschritten werden muss, weil Prinzipien der Gerechtigkeit nur solche sind, die nicht nur innerhalb einer bestimmten Tradition und für eine bestimmte Gruppe gelten können – der späte John Rawls wird mit seinem übergreifenden Konsens eine ähnliche Vorstellung entwickeln. Butler zieht daraus jedenfalls den Schluss: „Ebenso wie man sich gegen die hegemoniale Kontrolle des Judentums durch den Zionismus wehren muss, muss man sich auch gegen die koloniale Unterdrückung wehren, die der Zionismus dem palästinensischen Volk gebracht hat."[1]

Just mit dieser Problematik hatte auch Arendt zu kämpfen. Daher gehört sie neben Lévinas, Benjamin und anderen zu den Bezugspunkten, mit denen Butler sich auseinandersetzt. Für sie ging es Arendt nämlich um die folgende Problematik: „Es kann keine Heimat ausschließlich für die Juden auf von Palästinensern bewohntem Land geben; das stellt auch eine Ungerechtigkeit dar, insbesondere, wenn man an die Vertreibung Hunderttausender Palästinenser aus ihrer Heimat im Jahr 1948 denkt."[2] Arendt kritisierte den Zionismus und Israel in den Jahren 1944, 1948 und 1962, um sich schließlich von Gershom Scholem vorhalten lassen zu müssen, sie liebe das jüdische Volk nicht. Immerhin sah sie sich genötigt, auf einen so absurden Vorwurf zu antworten, sie würde nur ihre Freunde lieben. Man könne auch kein Volk lieben. Wie sollte man auch, ist die Liebe zum Volk etwa

---

[1] Ebd., 13
[2] Ebd., 180

genauso pathologisch wie die zum Hund. In den vierziger Jahren tritt Arendt zusammen mit Martin Buber für einen binationalen Staat ein, in dem Juden und Araber ihre Traditionen leben können.

Für Butler lassen sich jedenfalls aus der Zeit des Nationalsozialismus wie den Folgejahren Grundsätze entwickeln, die für die heutige Situation relevant sind. Beispielsweise kritisiert Arendt den Nationalstaat, durch die Bekämpfung heterogener Bevölkerungen politische Pluralität aufzulassen und dadurch Staatenlosigkeit und Flüchtlingselend zu erzeugen, unter denen Arendt selber litt –Phänomene, die auch lange über die Epoche des Faschismus hinaus geblieben sind bis heute. So schreibt Butler: „Eindeutig prägt die jüdische Geschichte die palästinensische durch den aufgezwungenen und ausbeuterischen Siedlerkolonialismus."[1]

Während Scholem mit der Gründung Israels historisch einen messianischen Erlösungsglauben verbindet, sieht Butler Arendt näher an Walter Benjamin, der die messianische Perspektive mit einer revolutionären verknüft. Auch Butler folgt dieser Benjaminschen Perspektive einer Verbindung messianischer Hoffnungen mit der Befreiung von sozialer Unterdrückung. Arendt – so Butler – distanziert sich dagegen von jeder messianischen Geschichtsbetrachtung, gesteht Benjamin allerdings zu, dass in der Tradition der Diaspora-Juden ein perspektivisches Element siedelt, das sich weder in der antiken, noch der christlichen und auch nicht in der jüdischen Tradition nachweisen lässt, und das doch eine Art historische Inspiration übermittelt. Derart verknüpft Benjamin die messianische mit der revolutionären Tradition. Die proletarische Revolution, bei Benjamin ansatzweise anarchistisch gedacht, lässt sich als göttlicher Eingriff in

---

[1] Butler, Am Scheideweg – Judentum und die Kritik am Zionismus (2012), 145

die Geschichte verstehen, der für Benjamin derart auch noch gewaltlos sein soll. Er schreibt 1921: „Von neuem stehen der reinen göttlichen Gewalt alle ewigen Formen frei, (. . .). Sie vermag im wahren Kriege genau so zu erscheinen wie im Gottesgericht der Menge am Verbrecher."[1] Der wahre Krieg, die proletarische Revolution, befreit die Menschen wie die reine göttliche Gewalt von aller Unterdrückung – eine tief religiöse Hoffnung.

Dabei folgt Butler Arendt tendenziell in zwei Hinsichten, und zwar derjenigen der Pluralität und daraus sich ergebenden notwendigen Kohabitation, zwei Aspekte, die in besonderem Maße das Judentum betreffen. Denn seine Existenz konstituiert immer schon die Pluralität und zwingt zur Kohabitation. Das gilt auch für den umgekehrten Fall Israel, das daher kein ethnisch reiner Staat sein kann, allein auch schon aus dem schlichten Faktum heraus, dass in Palästina Araber leben. Arendt kritisierte gerade die Zionisten, die die Gründung eines Staates in Palästina forderten und dabei die Existenz indigener Bevölkerungen schlicht übergingen. Aber die Pluralität weist weit darüber hinaus auf ein allgemeines menschheitliches Problem. So schreibt Butler: „Wenn Arendt recht hat, können wir nicht nur nicht wählen, mit wem zusammen wir die Erde bewohnen, sondern wir haben aktiv die nicht gewählte Mannigfaltigkeit des Zusammenlebens zu bejahen und zu bewahren. Wir leben nicht nur mit jenen zusammen, die wir uns nie ausgesucht haben und denen wir uns vielleicht gar nicht zugehörig fühlen, wir sind auch verpflichtet, diese Leben zu bewahren und die Pluralität zu verteidigen, zu der sie gehören."[2] Man könnte beinahe von einer ontologischen Bedingung spre-

---

[1] Walter Benjamin, Zur Kritik der Gewalt (1921) und andere Aufsätze, Frankfurt/M. 1965, 64

[2] Butler, Am Scheideweg – Judentum und die Kritik am Zionismus (2012), 150

chen, die aller staatlich verfassten Lebensform vorausgeht, und die niemand aufheben kann, wiewohl just die
Nazis dergleichen probierten.

Arendt, so Butler, entwickelt mit dieser Basis von Pluralität denn auch keinen Gleichheitsgedanken. Anstatt an
Kants Moralphilosophie anzuschließen, entwickelt sie ein
Konzept der politischen Urteilskraft. So bemerkt Butler:
„Gleicher Schutz, ja Gleichheit ist kein Grundsatz, der
diejenigen, auf die er Anwendung findet, homogenisiert;
die Verpflichtung auf Gleichheit ist vielmehr Verpflich-
tung auf einen Prozess der Differenzierung selbst."[1] Just
an dieser Stelle lässt sich eine Linie vom Kampf gegen die
nationalsozialistische Gleichschaltung einerseits und die
Ausmerzung unliebsamer Bevölkerungsgruppen wie
Kommunisten, Homosexuelle, Behinderte, Zigeuner und
natürlich Juden andererseits zu den zeitgenössischen
Konflikten um die Emanzipation von Farbigen, Frauen,
Homosexuellen, Behinderten, Alten und heute vor allem
Zugewanderten ziehen. Butler schließt jedenfalls daraus:
„Zugleich ergeben sich Rechte, insbesondere das Recht
auf das gemeinsame Leben auf der Erde als Universalie
für eine nicht homogenisierbare Sozialontologie. Ein
solches verallgemeinertes Recht muss dann in seinen
nicht-allgemeinen Bedingungen formuliert werden, um
seine Begründung in der Pluralität zu behalten."[2]

Nicht nur dass Arendt das nicht geleistet hat, was aber
zu ihrer Form des Denkens auch wenig passen will. Zudem kritisiert Butler Arendt ob diverser Bemerkungen,
ihre eigene Position, die sich aus der selbst erlebten
Flüchtlingsproblematik stellt, nicht konsequent genug
weitergedacht zu haben, sich selbst unreflektiert als Frau
und Jüdin zu verstehen und innerhalb des Judentums

---

[1] Butler, Am Scheideweg – Judentum und die Kritik am Zionismus
(2012), 151
[2] Ebd., 153

gewisse Vor- und Ablieben zu entwickeln. Vor allem aber hält sie ihr einen Eurozentrismus vor. Zugleich markiert sie einen Widerspruch, dass Arendt einerseits den Nationalstaat ob seines Antipluralismus kritisiert, andererseits aber Menschenrechte nur staatlich für gesichert hält. Statt sich auf den Menschenrechtsdiskurs einzulassen, entwickle sie ihren eigenen. „Für Arendt war das föderative System in der Amerikanischen Revolution die einzige Alternative zum Nationalstaatsprinzip."[1] Das alles erscheint Butler ungenügend.

5. Die traditionelle Normenethik als Untertanenethik

Doch solche Begründungsansprüche verblassen bei Arendt angesichts der von den Nazis entfesselten Gewalt, die sich ihrerseits auf ein Volkswohl beriefen, dem sich alle individuellen Interessen zu unterwerfen haben. Nicht nur dass Moral und Menschenrechtserklärungen demgegenüber hilflos klingen und auch wirkungslos blieben. Die traditionelle Normenethik war mit den Nazis in Verruf geraten. Selbst der Liberale Max Weber insistiert noch – vom Weltkrieg durchhaucht – auf dem Gehorsam und der Untertänigkeit sowieso von Beamten, aber insgesamt von allen abhängig Beschäftigten, wenn er in seinem berühmten Vortrag *Politik als Beruf* im Revolutionswinter 1918/19 sagt: „Ehre des Beamten ist die Fähigkeit, wenn (. . .) die ihm vorgesetzte Behörde auf einem ihm falsch erscheinenden Befehl beharrt, ihn auf Verantwortung des Befehlenden gewissenhaft und genau so auszuführen, als ob er seiner eigenen Überzeugung entspräche: ohne diese im höchsten Sinn sittliche Disziplin und Selbstverleugnung zerfiele der ganze Apparat."[2] De-

---

[1] Ebd., 176

[2] Max Weber, Politik als Beruf (1919), Gesammelte politische Schriften, 3. Aufl. Tübingen 1971, 524

mokratie heißt für Weber schlicht, dass das Volk zwar einen Führer wählt, dem es dann zu gehorchen hat.

Arendt erlebt die traditionelle Ethik des 19. Jahrhunderts daher als Wegbereitung des Nationalsozialismus, da sie in die Untertänigkeit führt. Gerade die Familienmoral legitimiert jede Grausamkeit; eben um der Kinder willen oder gar um des Volkes willen erscheint alles erlaubt, jedes Opfer gerechtfertigt, kann man auch jedes Opfer verlangen, auch auf das eigene Interesse und Leben zu verzichten, um andere zu schützen. Das bringt Ernst Jünger 1932 perfekt auf den Begriff: „Es ist das Geheimnis der echten Befehlssprache, dass sie nicht Versprechungen macht, sondern Forderungen stellt. Das tiefste Glück des Menschen besteht darin, dass er geopfert wird, und die höchste Befehlskunst darin, Ziele zu zeigen, die des Opfers würdig sind."[1]

Der Anspruch auf Universalität ist längst aufgegeben bzw. auf eine bestimmte Gruppe von Menschen beschränkt, nämlich die eigene, die zu gehorchen hat. Damit macht Arendt für die totale Herrschaft just die Untertanenethik verantwortlich, wie sie Max Weber noch forderte, der Verantwortung nur den führenden Politikern und Managern zugesteht, eine Konzeption, an der sogar noch Arendts Freund Hans Jonas 1979 in *Das Prinzip Verantwortung* festhält, wenn der Politiker das Volk im Dienst des Überlebensinteresses der Menschheit wie der Biosphäre belügen darf. Weil die Normenethik indes den Pluralisierungsprozessen nicht genügt, schließt Butler dagegen 2003 an die Verantwortungsethik von Lévinas an und somit auch indirekt an Arendts Diagnosen.

Ironischerweise attestiert man Arendt Arroganz, wenn sie den Zeitgenossen vorwirft, Untertanen und Mitläufer zu sein. Ob es sich dabei unter den Nazis um die Mehr-

---

[1] Ernst Jünger, Der Arbeiter – Herrschaft und Gestalt (1932), Stuttgart 1982, 81

heit handelte, darf man zwar hinterfragen. Es waren aber sehr viele, Millionen, bei denen die Ethik versagte, wahrscheinlich sogar eine überwiegende Mehrheit, die mitmachte und gehorchte, das womöglich auch für gerechtfertigt hielt, wiewohl die Nazis bei nationalen Wahlen nie von einer absoluten Mehrheit gewählt wurden.

In ihren Vorlesungen *Über das Böse* Mitte der sechziger Jahre verschärft Arendt diese Perspektive mit der bezeichnenden Bemerkung: „Ich erwähnte den totalen Zusammenbruch moralischer und religiöser Normen unter Leuten, die allem Anschein nach immer an sie geglaubt hatten, und ich habe auch die unleugbare Tatsache angeführt, dass die Wenigen, denen es gelang, nicht in den Wirbel hineingezogen zu werden, keineswegs die ‚Moralisten' waren, also Leute, die schon immer Regeln des richtigen Verhaltens hochgehalten hatten, sondern im Gegenteil sehr oft jene, die schon vor dem Debakel sowieso von der objektiven Nicht-Gültigkeit dieser Normen als solcher überzeugt gewesen waren."[1] Ob das so wenige waren, darf man gleichfalls bezweifeln. Wie viele sind nicht im KZ gelandet, oder in der Emigration. Fast könnte man meinen, sie schließt an jene kleinen Gruppen an, die sich im 19. Jahrhundert um individuelle Emanzipation bemühten: bei Sören Kierkegaard, Max Stirner, George Sand, Else von Richthofen-Jaffé, die letzte Geliebte Max Webers. Doch Arendts Ansatz lässt sich höchstens indirekt und in gewissen Konsequenzen individualistisch deuten, wiewohl er sich doch in den Emanzipationsbemühungen des späten 20. Jahrhunderts spiegeln wird, just auch im Rückgriff Butlers auf die Verantwortungsethik.

Man könnte Arendt auch entgegenhalten, dass die traditionelle normative Ethik von vornherein nicht hielt,

---

[1] Arendt, Über das Böse (1965/6), München 2006, 139

was sie versprach, nämlich Universalität. Der Nationalsozialismus brauchte diesen immer schon fraglichen Sinn kaum umzudrehen, um sie auf eine Binnenmoral zu reduzieren, die einen Teil der Menschen ausschließt. Seit dem 19. Jahrhundert beruht sie denn auch nicht mehr auf der Autonomie des Individuums, wie es sich Kant vorstellt, sondern realisiert Heteronomie. Dabei darf man bezweifeln, ob die christliche Ethik je anders funktionierte, stellt der Gehorsam eine ihrer höchsten Tugenden dar, die in vielen Mönchsorden, längst nicht nur bei den Benediktinern intensiv gepflegt wird. Trotzdem behält Arendt recht, wenn sie schreibt: „Die Originalität des Totalitarismus ist nicht deshalb schrecklich, weil mit ihm eine neue ,Idee' in die Welt gekommen ist, sondern weil seine schieren Handlungen einen Bruch mit allen unseren Traditionen darstellen; zweifellos haben sie unsere Kategorien des politischen Denkens und unsere Maßstäbe für das moralische Urteil gesprengt."[1]

Nach der Befreiung vom Nationalsozialismus hat sich diese Sachlage nicht geändert, sowenig wie nach dem Tode Stalins, endet ja für Arendt damit die totale Herrschaft. Vielleicht aber ist diese Problematik der Normenethik just erst durch die totale Herrschaft richtig bewusst geworden, was sich auch im französischen Existentialismus der vierziger Jahre bei Camus, Sartre und de Beauvoir bestätigt. Dass dieser ähnlich angefeindet wurde wie Arendts *Eichmann in Jerusalem*, unterstreicht die damals ungebrochene Popularität der Normenethik, auf die zu verzichten sich viele überhaupt nicht vorstellen können.

Aber eine Rückkehr zur traditionellen Ethik bleibt verstellt – es sei denn mit der zunehmenden Herrschaft

---

[1] Arendt, Verstehen und Politik (1953), Zwischen Vergangenheit und Zukunft – Übungen im politischen Denken I (1968), 2. Aufl. München 2000, 112

der Medizin kehrt vieles von dieser Untertanen- bzw. Normenethik wieder –, weniger weil sie die totale Herrschaft nicht verhindern konnte, auch nicht nur weil sich durch die totale Herrschaft ihre Hilflosigkeit offenbarte, weil sie sich dem Missbrauch nicht entziehen konnte, sondern weil sich in diesem Missbrauch entbarg, dass sie auf Gehorsam, Unmündigkeit und Gedankenlosigkeit beruht – lassen sich die Untertanen auch heute ohne zu murren vorschreiben, wie sie sich zu verhalten haben. Man jagt ihnen ja obendrein auch fleißig Angst ein – nach Machiavelli das probate Mittel des Fürsten, um seine Untertanen zu lenken: „Da die Liebe zu den Menschen von ihrer Willkür und die Furcht von dem Betragen des Fürsten abhängt, darf ein kluger Fürst sich nur auf das, was in seiner Macht und nicht in der der andern steht, verlassen. Er soll, wie gesagt, nur darauf hinarbeiten, den Hass zu vermeiden."[1]

Was Arendt Eichmann zuschreibt, das betrifft viele andere Menschen auch, nicht nur in Deutschland. So schreibt Arendt: „Mein Bericht hat sich bei diesem Kapitel aufgehalten, das der Jerusalemer Prozess der Welt nicht in seinem wahren Ausmaß vor Augen führte, weil es den tiefsten Einblick in die *Totalität des moralischen Zusammenbruchs* gewährt, den die Nazis in allen, vor allem auch den höheren Schichten der Gesellschaft ganz Europas verursacht haben, nicht allein in Deutschland, sondern in fast allen Ländern, nicht allein unter den Verfolgern, sondern auch unter den Verfolgten."[2] Als das Arendt Anfang der sechziger Jahre schrieb, herrschte in der nordatlantischen Welt noch immer die Kriegergesellschaft mit der traditionellen normativen Ethik vor, auch und gerade in Israel, wo Kritik heute häufig noch mit dem

---

[1] Niccolò Machiavelli, Der Fürst (1532), Wiesbaden 1980, 70

[2] Arendt, Eichmann in Jerusalem- Ein Bericht von der Banalität des Bösen (1963), 14. Aufl. München 2005, 219

Vorwurf des Antisemitismus abgekanzelt wird, wie es Butler ja erlebt hat. Aber gerade ein ständig bedrohter und angegriffener Staat wie Israel wird kaum auf die traditionelle Normen- als Pflichtenethik verzichten, die mit Gewalt zwingt, also mit der einst von Kant intendierten Freiwilligkeit aller Pflicht völlig gebrochen hat.

Arendts Diagnose von Eichmanns Verhalten trifft praktisch alle zeitgenössischen Gesellschaften. Nicht abgrundtiefe Bosheit und Sadismus machte den Holocaust möglich, sondern der Verzicht sehr vieler Menschen auf Mündigkeit und ihre Weigerung bzw. auch Unfähigkeit, sich Gedanken zu machen, sich vorzustellen, was man anstellt, wenn man Befehle befolgt, just das, was die Mehrheit ihrer Zeitgenossen tut und sogar noch für richtig hält – wie Eichmann – und was auch seither zu unzähligen Verbrechen führte, die staatlich angeordnet wurden. Mit den folgenden Worten fällt Arendt das Urteil – weniger über Eichmann, als über die traditionelle normative Ethik als Untertanenethik, d.h. Zwangsethik: „Eichmann war nicht Jago und nicht Macbeth, und nichts hätte ihm ferner gelegen, als mit Richard III. zu beschließen, ‚ein Bösewicht zu werden'. (. . .) Er hat sich nur, um in der Alltagssprache zu bleiben, *niemals vorgestellt, was er eigentlich anstellte.* Es war genau das gleiche mangelnde Vorstellungsvermögen, (. . .) Es war gewissermaßen schiere Gedankenlosigkeit – etwas, was mit Dummheit keineswegs identisch ist –, die ihn dafür prädisponierte, zu einem der größten Verbrecher jener Zeit zu werden."[1]

Nicht Intelligenz mangelt dem Untertan, sondern die Bereitschaft darüber nachzudenken, was die Befehle bewirken, die er befolgt. Man könnte das hinsichtlich von Eichmann sogar in Frage stellen. Schließlich hat Bettina Stangneth 2011 in ihrem Buch *Eichmann vor Jerusalem*

---

[1] Arendt, Eichmann in Jerusalem- Ein Bericht von der Banalität des Bösen (1963), 15

gezeigt, dass er die Untertanenrolle als Verteidigungsstrategie benutzte. Doch das ändert nichts daran, dass unzählige, die ‚dabei waren‘, sich genauso verteidigen. Und sie können sich nur so verteidigen, weil das viele als Entschuldigung akzeptieren – die sich genauso weigern zu denken und die Verantwortung für das zu übernehmen, was sie tun, gleichgültig ob sie das aus eigenem Antrieb oder auf Anweisung tun. Arendts Buch mag historische Fehler enthalten. Sie mag auf Eichmann reingefallen sein. *Eichmann in Jerusalem* bleibt ein großer moralphilosophischer Essay, der vom Ende der Normenethik kündet, den Untertan als Verbrecher entlarvt, den Gehorsam als Laster erkennt und die Vorschrift als Gewalt enttarnt. Jedenfalls will auch Stangneth Arendts Buch keinesfalls widerlegen.

Dazu gehört natürlich auch noch eine weitere Attitüde, die heute überall nach wie vor verlangt wird, im Privaten wie im Öffentlichen, nämlich Flexibilität und Anpassungsfähigkeit. Arendt schreibt: „Wie monströs die Taten auch immer waren, der Täter war weder monströs noch dämonisch, und das einzige unverkennbare Kennzeichen, das man in seiner Vergangenheit ebenso wie in seinem Verhalten während des Prozesses und der vorausgehenden polizeilichen Untersuchung entdecken konnte, war etwas vollkommen Negatives: nicht Dummheit, sondern eine merkwürdige, durchaus authentische Unfähigkeit zu denken. In der Rolle des prominenten Kriegsverbrechers funktionierte er ebenso wie zuvor unter dem Nazi-Regime; es bereitete ihm nicht die geringste Schwierigkeit, völlig andere Regeln zu akzeptieren. Er wusste, dass das, was er einst als seine Pflicht angesehen hatte, nun als Verbrechen bezeichnet wurde, und er akzeptierte diesen neuen Kodex der Beurteilung, als handele es sich um nichts anderes als eine andere Sprachregel."[1]

Arendt führt damit denn auch eine gängige Praxis vor, die allerdings sicherlich auch früher Anwendung fand, nur in einer Welt der Public Relation zur gängigen Methode avancierte: Sprachregelungen. Sie lassen darüber hinwegblicken, was vorgeht. Ob das zuvor anders war, darf man auch bezweifeln. Doch durch die verbrecherische Herrschaft der Nazis entbirgt sich diese Schwierigkeit, das Böse zu diagnostizieren, was schlicht bestätigt, dass es nicht mehr so einfach zu erfassen ist: *Dialektik der Aufklärung.* „Im Dritten Reich hatte das Böse die Eigenschaft verloren, an der die meisten Menschen es erkennen – es trat nicht mehr als Versuchung an den Menschen heran."[2] Wer glaubt noch an den Teufel, der in Form von Mephisto einen gefährlichen Deal anbietet. Aber für viele bot sich mit der Naziherrschaft ein Deal als Untertan und Familienvater an, wie ihn Arendt beschreibt. Ein Deal, der heute wieder populär geworden ist, wenn nicht sogar sehr populär, man denke an Trump.

So kritisiert Arendt auch den deutschen militärischen Widerstand, der zauderte, über den Eid nachdachte und mögliche kriegerische Folgen, die ein Aufstand gegen das Nazi-Regime haben würde. Sie schreibt – aus der Perspektive der Rampe von Auschwitz und welche andere Perspektive hätte ein nachdenkender mündiger Mensch einnehmen können, der fähig ist, an der Stelle eines Anderen zu denken: „Von dem, was im Osten geschah, waren sie alle unterrichtet, aber dass angesichts dieser Ungeheuerlichkeiten ein Bürgerkrieg noch das Beste war,

---

[1] Arendt, Über den Zusammenhang von Denken und Moral (1971); in: dies., Zwischen Vergangenheit und Zukunft – Übungen im politischen Denken I (1968), 2. Aufl. München 2000, 128

[2] Arendt, Eichmann in Jerusalem- Ein Bericht von der Banalität des Bösen (1963), 249

was Deutschland hätte passieren können, davon wäre wohl kaum einer von ihnen zu überzeugen gewesen."[1]

6. Die Reflexion in der Politik als Konflikt

Zur Zeit des Eichmann- Prozesses tritt nach Butler für Arendt die Kritik am Nationalstaat in den Hintergrund, während dessen Stelle ihre Überlegungen zur sozialen Pluralität einnehmen. Butler folgt Arendt weitgehend, ohne indes die gerade skizzierte Perspektive zu beschreiben. Es geht Butler auch um ein anderes Problem. Arendt wirft Eichmann nämlich außerdem vor, dass er sich ob seines Nichtdenkens nicht als Subjekt konstituiert. Sonst hätte er begreifen müssen, dass er sich in einer gesellschaftlichen Pluralität befindet, die durch Völkermord zu zerstören er nicht berechtigt ist. Das Subjekt lebt als solches nicht für sich allein, sondern immer schon in Gemeinschaft. Verweigert sich das Subjekt der Gemeinschaft, kann es nicht über sich selbst nachdenken, ist also auch in dieser Hinsicht kein Subjekt: „Für Arendt konnte Eichmann sich nicht selbst ansprechen. Um angesprochen werden zu können, muss jemand da sein. Und Arendt kam zu dem Schluss, dass im Fall Eichmanns niemand da war. Tatsächlich schreibt sie in ihren Überlegungen zum Bösen an anderer Stelle bemerkenswerterweise: ‚Im bodenlosen Bösen ist keine Person mehr da, der man je vergeben könnte.'"[2]

Butler bringt Arendt damit zweifellos in eine gewisse Verlegenheit, plädiert Arendt doch am Ende ihres Buches selbst dafür, dass Eichmann hingerichtet wird, also selber kein Recht hat, auf der Erde zu leben, die er nicht teilen

---

[1] Ebd., 187

[2] Butler, Am Scheideweg – Judentum und die Kritik am Zionismus (2012), 201

wollte. Aber aus welchem Grund darf man ihm das verweigern? Weil man auch jemanden als Subjekt anerkennen muss, der dem Laster des Gehorsams frönt und der sich weigert nachzudenken? „Ist Arendts abschließendes Urteil etwas anderes als Vergeltung?"[1] Arendt, so Butler, mogelt sich um eine konsequente Begründung des Jerusalemer Urteils herum. Zwar attestiert Butler Arendt, dass sie versuche den Richtern die richtigen Argumente zu liefern, was ihr aber dann doch nur unzulänglich gelingt.

So vergleicht Butler Arendts Position mit derjenigen Benjamins: Wenn sich kein Recht ableiten lässt, dann greift die Opposition gegenüber dem Recht auf eine ‚außerrechtliche Souveränität' zurück. So erhebt Butler ihren wohl massivsten Einwand; „Arendt gerät damit in eine größere Nähe zu Schmitt, als ich für gut halte, und widerspricht auch den radikal egalitären Konsequenzen aus ihrer Theorie der sozialen Mannigfaltigkeit."[2] Schmitt entwickelt in der Tat seine Theorie der Souveränität in Auseinandersetzung mit Benjamins *Zur Kritik der Gewalt*. Er schreibt daraufhin 1922 seine *Politische Theologie*. Interessanterweise – und das würde zunächst für Butler sprechen – zieht Schmitt selbst eine Parallele zu Benjamins gewaltloser reiner göttlicher Gewalt, wenn er schreibt: „Der Ausnahmezustand hat für die Jurisprudenz eine analoge Bedeutung wie das Wunder für die Theologie."[3]

Doch seine Intention mit dem Konzept des Souveräns, der über den Ausnahmezustand entscheidet, ist eine andere. Man könnte fast meinen, er gesteht an dieser Stelle

---

[1] Butler, Am Scheideweg – Judentum und die Kritik am Zionismus (2012), 192

[2] Ebd., 205

[3] Carl Schmitt, Politische Theologie – Vier Kapitel zur Lehre von der Souveränität, (1922) 3. Aufl. Berlin 1979, 43

aus Versehen sein Scheitern ein, wollte er doch obendrein nachweisen, dass alle wichtigen politischen Begriffe theologischer Herkunft sind. Darauf hat jedenfalls Giorgio Agamben hingewiesen: „Aber fehl gehen auch jene Lehren, die wie die Schmittsche den Ausnahmezustand mittelbar in einen Rechtskontext zu stellen versuchen (. . .)"[1] Der Ausnahmezustand soll nach Schmitt den Bezug zum Rechtszustand nicht verlieren.

Wenn Arendt sich aber nach Butler am Ende von *Eichmann in Jerusalem* äußerst kryptisch äußert, dann gelingt ihr entweder so wenig wie Schmitt dem Todesurteil gerade ein rechtliches Mäntelchen umzuhängen – aber just ein solches Mäntelchen möchte Schmitt dem Ausnahmezustand umhängen. Oder aber sie hatte das gar nicht vor und die Kryptik verschleiert höchstens, dass es sich um Vergeltung handelt – eine Vergeltung, auf die Arendt selbst gut 15 Jahre nach dem Holocaust nicht verzichten konnte. Oder weil sie an dieser Stelle dem Urteil nicht widersprechen wollte, hatte sie ja schließlich mit ihrer Urteilskraft schon genügend offene Wunden berührt. Außerdem liegt ihr der Gedanke einer außergewöhnlichen Gewalt fern, gerade wenn man sich daran erinnert, dass sie die Räte nicht ob deren Gewalt schätzt, sondern weil dabei politisch kommuniziert wird. Arendt setzt auf Kommunikation und leitet diese aus der Unterschiedlichkeit der Menschen ab, propagiert nicht wie ihr Lehrer Karl Jaspers einen Glauben an Kommunikation, wiewohl beide die Kommunikation zu einer Zeit propagierten, als kaum jemand sich davon große Wirkungen versprach. Gegen diese Auffassung gerichtet ist nach Jaspers „der philosophische Glaube, den man auch Glauben an Kommunikation nennen kann. Denn hier gelten

---

[1] Agamben, Ausnahmezustand – Homo sacer II.1 (2003), Frankfurt/M. 2004, 62

die beiden Sätze: Wahrheit ist, was uns verbindet - und: in der Kommunikation hat Wahrheit ihren Ursprung."[1]

Andererseits insistiert Butler darauf, dass es ihr selbst nicht um die Wiederkehr eines Humanismus geht, sondern um ein Verständnis des Menschen als gefährdetes Lebewesen, das es zu schützen gilt – einen anderen Aspekt, der ihr bei Arendt mangelt. Zu einem Humanismus will Arendt indes nicht zurück. Ein solcher Ausweg ist ihr schon durch ihre geistige Herkunft verstellt. So fern zu einem Verständnis vom Menschen als vernünftiges Wesen ist ihr Denken jedoch nicht, wenn sie den Menschen als gebürtlichen und nicht mehr als sterblichen verstehen will.

Wenn Butler daran anschließend bei Arendt eine Konflikttheorie des Sozialen in seiner Pluralität vermisst, dann hat sie sicherlich recht, weil Arendt eine solche nicht mehr entwickelt, jedenfalls nicht in sozialer Perspektive. Trotzdem skizziert Arendt zumindest ansatzweise eine Theorie des Konflikts, wiewohl des philosophischen, wenn sie an Kants *Kritik der Urteilskraft* anschließt und eben nicht an die *Kritik der praktischen Vernunft* mit ihrem Moralgesetz der Verallgemeinerbarkeit. Kant unterscheidet in seiner Ästhetik die subsumierende von der reflektierenden Urteilskraft: „Urteilskraft überhaupt ist das Vermögen, das Besondere als enthalten unter dem Allgemeinen zu denken. Ist das Allgemeine (die Regel, das Prinzip, das Gesetz) gegeben, so ist die Urteilskraft, welche das besondere darunter subsumiert, (. . .) bestimmend. Ist aber nur das Besondere gegeben, wozu sie das Allgemeine finden soll, so ist die Urteilskraft bloß reflektierend."[2] Letztere wird notwendig, wenn es

---

[1] Karl Jaspers, Der philosophische Glaube (1948), München 1954, 38

[2] Kant, Kritik der Urteilskraft (1790), Akademie Ausgabe Bd. V, Berlin 1968, 179

wie beim ästhetischen Urteil an gemeinsamen obersten Prinzipien mangelt.

Arendt umschreibt damit Nietzsches Wort vom Tode Gottes, wenn es keine gemeinsamen obersten Werte mehr gibt, die Zeitgenossen also im Zustand der geistigen Pluralität leben, die sich aber auf das Soziale wie das Politische übertragen lässt. Arendt schreibt: „Das Urteil, und besonders das Geschmacksurteil, reflektiert über die anderen und ihren Geschmack, berücksichtigt ihre möglichen Urteile. Das ist notwendig, weil ich ein Mensch bin und nicht außerhalb der Gesellschaft von Menschen leben kann. Ich urteile als Mitglied dieser Gemeinschaft und nicht als Mitglied einer übersinnlichen Welt, die vielleicht von Wesen bewohnt wird, die mit Vernunft, nicht aber mit dem gleichen Sinnenapparat ausgestattet sind."[1]

Wenn die reflektierende Urteilskraft für Arendt zur politischen Tugend avanciert, dann ist sie zumindest in einem Verständnis von Politik und dem Sozialen angekommen, das diese als einen konfligierenden Ort begreift. Der Nationalstaat und der Antisemitismus wollen diesen Ort durch Ausmerzung anderer aufheben. Die diversen Emanzipationsbestrebungen nützen ihn, um Interessen durchzusetzen, die bisher benachteiligt wurden. Diese hat sie nicht mehr weiter bedacht. Hier denkt Butler weiter. Hier hat vor allem Jacques Rancière weitergedacht: „Es sind die Alten, weit mehr als die Modernen, die als Prinzip der Politik den Kampf zwischen Armen und Reichen anerkannt haben. Aber genau genommen haben sie in ihm die eigentlich politische Wirklichkeit erkannt – selbst wenn sie ihn auslöschen wollten. Der Kampf zwischen Reichen und Armen ist nicht die gesellschaftliche Wirklichkeit, mit der die Politik rechnen müsste. Er ist

---

[1] Arendt, Das Urteilen – Texte zu Kants politischer Philosophie (1982), München, Zürich 1998, 91

identisch mit ihrer Einrichtung. Es gibt Politik, wenn es einen Anteil der Anteillosen, einen Teil oder eine Partei der Armen gibt."[1] In postmarxistischer Manier fokussiert Rancière die Politik auf den Kampf zwischen Arm und Reich. Im Zuge von Emanzipationsbewegungen könnte man diesen Kampf als einen um Anteilhabe auf verschiedenen Ebenen erweitern.

---

[1] Jacques Rancière, Das Unvernehmen – Politik und Philosophie (1995), Frankfurt/M. 2002, 24

IV. KAPITEL

GEWALT UND MACHT BEI BENJAMIN UND ARENDT

Arendt und Walter Benjamin sind sehr unterschiedliche Denker, die völlig unterschiedliche Ansätze verfolgen. Aber sie waren eng befreundet. Im Exil in Paris half sie ihm nicht nur über die Runden zu kommen, indem sie ihm Jobs verschaffte. Sie hatte auch das Manuskript seiner später berühmt gewordenen „Geschichtsphilosophischen Thesen" in ihrem Fluchtgepäck von Montauban nach New York. Benjamin wollte es auf seine eigene Flucht nicht mitnehmen, die dann ja auch mit seinem Selbstmord an der spanischen Grenze endete. Außerdem widmete Arendt ihm einen Essay, in dem sie manches sagt, was wirklich nur eine gute Freundin sagen darf. Nicht so schwerwiegend, indes doch bezeichnend sind denn folgende Worte: „Die Habilitation hatte von vornherein nur dazu dienen sollen, den Vater durch einen ‚Ausweis öffentlicher Anerkennung (. . .) zur Ordnung' zu rufen und dem damals immerhin schon Dreißigjährigen ein ausreichendes und, man möchte hinzufügen, standesgemäßes Auskommen zu bewilligen. Dass er darauf trotz chronischer Konflikte mit den Eltern einen Anspruch habe und dass deren Forderung an ihn, ‚für meinen Erwerb tätig zu sein', ‚unqualifizierbar' sei – das ist ihm auch später, als er sich den Kommunisten bereits genähert hatte, nie fraglich geworden. Als der Vater dann erklärte, auch im Falle der Habilitation den monatlichen

Betrag, den er ohnehin zahlte, nicht erhöhen zu können oder zu wollen, fiel für Benjamin die wesentliche Voraussetzung für die ganze Unternehmung Habilitation dahin."[1]

1. Die Stärke des Kapitalismus

Philosophisch bleibt der Bezug zum Werk von Benjamin bei Arendt aber kusorisch. Besonders verwundert, dass sie in *Macht und Gewalt* Benjamins Aufsatz *Zur Kritik der Gewalt* aus dem Jahr 1921 mit keinem Wort erwähnt[2], aber einen Aufsatz vom damals noch unbekannten Giorgio Agamben, der später ausführlich die Debatte zwischen Benjamin und Carl Schmitt darstellt wie den Rückgriff von Jacques Derrida auf Benjamin. Derrida entwickelt vor dem Hintergrund von Benjamins Aufsatz die Dekonstruktion als eine politische Philosophie, die ebenfalls der Gewalt nachgeht, um der Gerechtigkeit Genüge zu tun.

Wenn man Schmitts Rezeption betrachtet, der durch Benjamins Aufsatz zur Entwicklung seines Souveränitätsbegriffs, vor allem aber desjenigen des Ausnahmezustands angeregt wird, dann erscheint es indes als kaum verwunderlich, dass Arendt diesem Text Benjamins offenbar wenig abgewinnen konnte. Trotzdem gerät sie nicht nur mehrfach thematisch in die Nähe von Benjamins Aufsatz. Beide Texte beziehen sich auch jeweils mehrfach auf Georges Sorels *Réflexions sur la violence* aus dem Jahr 1908. Wie Sorel trennt Arendt *Macht und Gewalt* – eine in der politischen Philosophie eher seltene

---

[1] Arendt, Menschen in finsteren Zeiten (1968), 2. Aufl. München 1989, 215

[2] Auch im von Detlev Schöttker und Erdmut Wizista herausgegebenen Band Arendt und Benjamin – Texte, Briefe, Dokumente, Frankfurt/M. 2007 spielt diese Beziehung keine Rolle.

Differenzierung. Allerdings fragt Arendt, wie Macht jenseits von Gewalt entsteht, während Sorel mit der Gewalt der Macht widerstreiten will. Benjamin dagegen transformiert Sorels proletarische Gewalt in Gewaltlosigkeit, so dass sich Benjamins Ansatz Arendts Bemühung zumindest in einer bestimmten Perspektive annähert, an der auch Derrida partizipiert.

Wie Benjamin fragt auch Arendt nach der Rolle der Gewalt in der Revolution, wiewohl vor keinem entsprechenden aktuellen Hintergrund wie 1921 der Russischen, sondern angesichts häufig gewaltsamer Proteste rings um 1968, die ja weltweite Resonanz fanden. Diese Proteste mündeten bekanntlich nirgendwo in eine Revolution, was durchaus nicht verwundern darf. Denn nach Arendt – dabei folgt sie Sorel – gelingt eine Revolution nicht gegen einen starken Staat, sondern nur gegen einen schwachen. Wenn sich nämlich Revolutionäre mit einem starken Staat anlegen, dann verlieren sie regelmäßig. Wenn ein Staat indes geschwächt ist, dann kommt es eigentlich nur darauf an, ob eine revolutionäre Organisation existiert, die die Gelegenheit nutzen kann – Vorbild für dieses Modell ist sicherlich die Oktoberrevolution, bei der Trotzki eine solche Organisation gebildet hatte.

Nirgendwo gelang das rings um die Proteste des Jahres 1968. Offenbar waren die Regime nicht entsprechend schwach, nicht mal oder vielleicht gerade nicht in Frankreich, wo De Gaulle immerhin in eine gewisse Bredouille geriet. Das müsste vor allem rechte, konservative, aber auch linke Vordenker überrascht haben, die die Demokratien gemeinhin als schwach abkanzeln. In den fünfziger Jahren kritisieren insbesondere Arnold Gehlen und Eric Voegelin die westlichen Staaten, dass sie den Konsum förderten, anstatt die Militärausgaben zu erhöhen. Carl Schmitts Liberalismus- und Parlamentarismus-Kritik stammt ja bereits aus der Zeit nach 1918 und wird seither im rechten Lager fleißig wiederholt. Auch Sorel hält die Bourgeoisie für so dekadent, dass sie sich um einen sozialen Ausgleich bemüht, anstatt das Proletariat in einer Art verschärftem Klassenkrieg zu bekämpfen, von dem zuvor Nietzsche aus umgekehrter Perspektive geträumt hat. Solch ein sozialer Ausgleich schwächt nach Sorel die Macht und stärkt sie nicht. So erläutert Arendt: „Sorel entwarf seine ‚Apologie der Gewalt', weil er in ihr die größte, wenn nicht einzige Manifestation des Lebens sah"[1], zu der das Bürgertum nicht mehr fähig wäre.

Nicht nur im orthodox marxistischen Lager erwartet man folglich den Untergang des Kapitalismus. Von offizieller Seite wurden in den kommunistischen Staaten die westlichen Länder immer als schwach dargestellt – man denke an Maos Spruch, die Imperialisten und Reaktionäre seien Papiertiger. So aufgeklärt wie marxistisch prophezeit noch 2015 der britische Fernsehjournalist Paul Mason den Untergang des globalen Kapitalismus: „was uns bevorsteht: der Zusammenbruch unserer Welt."[2] Immer wieder das religiös apokalyptische Gebet, der Messias möge kommen bzw. alles Böse auf der Welt untergehen – bei Mason eine Mischung aus jüdischer und christlicher Apokalypse: letztere lässt die Welt gänzlich untergehen, wozu er das Klima braucht; während erstere die Welt ‚nur' reinigt.

Neben den immensen ökonomischen Erfolgen übersah man dabei auch geflissentlich die militärischen Leistungen der USA und Großbritanniens während des zweiten Weltkriegs: letztere sollten nur durch US-Hilfe überlebt haben und erstere gewannen am Ende *nur* ob ihrer materiellen Überlegenheit, womit man ein entscheidendes Element klein redete, was aber der Vietnam-Krieg –

---

[1] Arendt, Macht und Gewalt (1970), 15. Aufl. München, Zürich 2003, 70

[2] Paul Mason, Postkapitalismus – Grundrisse einer kommenden Ökonomie, Berlin 2016, 316

so auch Arendt – gerade zu bestätigen schien. Doch die materielle Überlegenheit kam dabei nicht von ungefähr, nämlich durch einen leistungsfähigen Kapitalismus. Die USA gewannen einen Krieg, den sie gleichzeitig an mehreren Fronten führten, während der rechtsradikale, rassistische, antisemitische Nationalsozialismus wie der Faschismus komplett untergingen. Und die Sowjetunion wird sich Jahrzehnte später sogar selbst und immerhin friedlich abwickeln – nicht nur eine beachtliche Leistung, sondern auch der große humane Unterschied zwischen dem sowjetischen System und den Faschismen, die irrational bis zum Untergang kämpften.

Man wollte bei den Rechten wie den Linken auch partout nicht anerkennen, dass sich die demokratischen Länder auf eine breite Unterstützung ihrer Bevölkerungen stützen können. Dagegen lobte man rechts die Leistungen der deutschen Bevölkerung wie der Wehrmacht, die erst ein Land nach dem anderen erobert hatte und dann jahrelang einem weltweiten Bündnis widerstand. Links lobte man die ungeheure Opferbereitschaft der sowjetischen Bevölkerung.

2. Von der Revolution zur Involution

Trotzdem stand Arendt auch vor dem anderen Phänomen, dass sich ebenfalls die totalitären Staaten wie Nazi-Deutschland und die stalinistische Sowjetunion offenbar nicht allein auf Gewalt gründeten, fanden sie vielmehr in ihren jeweiligen Bevölkerungen durchaus keinen geringen Zuspruch. Just dadurch konnten sie eine weitreichende Macht entfalten, die sich nicht nur schlichter Gewalt bediente. Vor diesem historischen Hintergrund trennt Arendt *Macht und Gewalt*, was von verschiedener Seite kritisiert wird. Macht entspringt nach Arendt aber nicht der drohenden Gewalt, mit der der Fürst seine Untertanen einschüchtert, z.B. mit immer höheren Geldstrafen und immer intensiveren Kontrollen durch die Polizei. Macht entspringt vielmehr der Zustimmung durch die Bürger zum Regime, das aber ähnlich wie das sozialistische in der DDR keine Legitimität besitzt, wenn es die Menschenrechte nicht achtet und damit die Rechte von Minderheiten aufhebt. Genau hier liegt das Problem: Es kann durchaus Macht in Regimen dadurch geben, dass die Regierung in der Bevölkerung auf große Zustimmung stößt, natürlich auf freiwillige, mag sich diese auch der Situation verdanken, dass Medien und Politiker die Zeitgenossinnen fleißig erschrecken, solange diese nicht durch terroristische Gewalt erzwungen wird. Hier müssten die Kriterien der Menschenrechte, des Minderheitenschutzes und der Gewaltenteilung in den Diskurs eingeführt werden, worauf Arendt freilich verzichtet.

Die Propagandaapparate sowohl von Nazideutschland wie auch der Sowjetunion haben diesen Eindruck verstärkt und während man selbst in der Linken der Propaganda letzterer gemeinhin wenig Vertrauen entgegenbrachte, so ging man ersterem bereitwilliger auf den Leim, was man ja auch im konservativen Lager nicht ungern hörte. Erst im Todesjahr von Arendt wird der britische Historiker Timothy W. Mason an diesem Mythos erhebliche und wohl begründete Zweifel anmelden, als er einen breiten Widerstand in der Bevölkerung gegen den Nationalsozialismus dokumentierte, was sich aus den Gestapo-‚Berichten aus dem Reich' ergibt.[1] Ein deutscher Historiker ist dreißig Jahre lang nicht auf eine solche naheliegende Idee gekommen: der lange Atem der Nazis in der Historikerzunft. Und sollte es dann noch verwun-

---

[1] Vgl. Timothy W. Mason, Arbeiterklasse und Volksgemeinschaft – Dokumente und Materialien zur deutschen Arbeiterpolitik 1936–1939, Opladen 1975; und ders., Sozialpolitik im Dritten Reich – Arbeiterklasse und Volksgemeinschaft, Opladen 1977

dern, dass das bis heute über den Kreis der Experten hinaus kaum öffentliche Verbreitung erlebte? Das ändert auch nichts an der Unterstützung eines anderen Teiles der deutschen Bevölkerung, nur dass dieser nicht so groß war, wie gerne behauptet und die beliebte Ausrede nachhaltig schwächt, es wären doch alle dafür und dabei gewesen. Nein, das waren sie nicht.

Wenn Arendt ihre Trennung von *Macht und Gewalt* als sinnvoll demonstrieren wollte, stand sie einerseits vor der Frage nach der Macht in den totalen Herrschaften und andererseits sah sie sich mit dem Problem der wenig anerkannten Stabilität der westlichen Demokratien konfrontiert, was ihren Begriff von Macht jenseits von Gewalt in Schwierigkeiten bringt. Beider Stärken wollen zueinander so gar nicht passen bzw. verschmutzen sich gegenseitig. Damit konnte man die linke Behauptung untermauern, dass sich die Demokratie nicht wesentlich von einer Diktatur oder vom faschistischen Totalitarismus unterscheidet. Daher möge man sich mit einer linken Diktatur doch bitte schön einrichten – eine These, wie sie Sorel noch verschärfte, sich damit von Marx aber kaum entfernt: „Die proletarische Gewalt (. . .) steht im Dienste der zutiefst begründenden Interessen der Zivilisation; sie ist vielleicht nicht die geeignetste Methode, um unmittelbare materielle Vorteile zu erlangen, aber sie vermag die Welt vor der Barbarei zu erretten."[1] Umgekehrt lässt sich mit der Stärke der totalitären und der Schwäche der demokratischen Gesellschaften auch die rechte Behauptung bekräftigen, dass es keinen wesentlichen Unterschied zwischen Diktatur und Demokratie gebe. Der Vorteil der ungeschminkten Diktatur gegenüber den Demokratien sei aber, dass erstere eine entscheidungsfähige Gestaltungsmacht entwickeln würde, die bestimmten Teilen der

---

[1] Georges Sorel, Über die Gewalt (Réflexion sur la violence, 1908), Innsbruck 1928, 103

Bevölkerung – angeblich den Armen – mehr nütze als demokratische Rechte oder parlamentarische Debatten.

Dieses Argument taucht nicht nur bei den heutigen Rechtspopulisten wieder auf, die sich ja gleichfalls einer großen Popularität in Bevölkerungen weltweit erfreuen, sondern ironischerweise auch bei dezidiert Linken, die Neoliberalismus, Globalisierung und einer emanzipatorischen Zivilgesellschaft vorwerfen, sie würden sich um die Interessen gerade des ärmeren Teiles der Bevölkerungen gar nicht kümmern; der liberale Internationalismus verhindere eine sozialstaatlich orientierte Politik, so dass die dezidiert Linken mit den Rechtspopulisten just darin übereinstimmen, dass nur ein starker Nationalstaat heute die Politik wieder befähigen könnte, das neoliberale Primat der Ökonomie zu durchbrechen. So bemerkt der Soziologe Wolfgang Streeck, „dass die politischen Klassen des neoliberalen Kapitalismus nach der populistischen Revolution gezwungen sind, wieder mehr auf ihre Staatsvölker zu hören. Nationale Demokratie kommt nach Jahrzehnten globalisierungsförderlicher institutioneller Austrocknung als Kanal für die Artikulation von Unzufriedenheit von unten erneut in Gebrauch."[1] Bereits Sorel vertritt eine ähnliche Position, die ihn nicht von ungefähr sogar in die Nähe des italienischen Faschismus bringt – wird ihn Mussolini rezipieren.

Aber auch Arendt kritisiert sogar ähnlich wie Schmitt die liberale Demokratie, dass sie die Trennung zwischen Privatheit und Öffentlichkeit verwischen würde, d.h. dass ökonomische Interessen eine immer größere Rolle in der Politik spielen. So konstatiert Arendt: „Freiheit kann der Sinn von Politik nur sein, wenn wir unter dem Politischen

---

[1] Wolfgang Streeck, Die Wiederkehr des Verdrängten als Anfang vom Ende des neoliberalen Kapitalismus; in: Heinrich Geiselberger (Hrsg.), Die große Regression – Eine internationale Debatte über die geistige Situation der Zeit, Berlin 2017, 266

einen öffentlichen Raum verstehen, der sich nicht nur von der Sphäre der Privatlebens abgrenzt, sondern sogar immer in einem gewissen Gegensatz zu ihr steht."[1]

Trotzdem, vor dem Hintergrund der scheiternden Achtundsechziger Proteste braucht Arendt einerseits eine Erklärung für die vermeintlich überraschende Stärke der westlichen Demokratien, die just nicht so geschwächt waren, dass eine revolutionäre kleine Gruppe wie Trotzkis Rote Garden schnell die Macht übernehmen könnten. Die letzte sozialistische Revolution, aber nach jahrelangem Bürgerkrieg, war 1979 die Machtübernahme der Sandinisten in Nicaragua. Eine Revolution im beinahe marxistischen, nicht im leninistischen Stil war der Sturz des Schahs in Iran ebenfalls 1979. Als eine Revolution lässt sich auch der Sturz Muammar al-Gaddafis in Libyen 2011 bezeichnen – oder diejenige in Tunesien.

In Vietnam gerieten die USA einerseits zwar durch einen immer besser gerüsteten Feind in Schwierigkeiten, der von der Sowjetunion und China unterstützt wurde, aber andererseits auch durch den innenpolitischen Widerstand gegen diesen Krieg in den Parlamenten, wie auch auf der Straße bzw. in der Bevölkerung: also Proteste, teilweise auch gewalttätige, die die Kriegführung der USA in Vietnam beeinträchtigten, nicht aber den Staat aus dem Lot brachten und die man durchaus auch als einen Impuls verstehen könnte, der politische Macht generiert bzw. Reformen anstößt, mögen diese Arendt auch teilweise unsinnig erscheinen. Ich würde das als Involutionsprozesse bezeichnen, nicht als Revolution. Mein Begriff der Involution schließt an Arendts Machtverständnis aber an: Zeitgenossinnen, die sich nicht beteiligt fühlen, bemühen sich durch Protestformen, Ein-

---

[1] Arendt, Freiheit und Politik (1958); in: dies.: Zwischen Vergangenheit und Zukunft – Übungen im politischen Denken I, 2. Aufl. München 2000, 209

flussnahmen auf Institutionen und durch Änderung ihrer Lebensformen um Einfluss auf die Politik. Das nenne ich außerinstitutionelle Politik.[1] Ulrich Beck spricht in ähnlicher Weise von Subpolitik.

So führt die Trennung von Macht und Gewalt in gewisse Schwierigkeiten: Die in demokratischen Regimen durch die Zustimmung der Bevölkerung entstandene Macht ist zumindest umstritten, erlauben die Demokratien, wie man heute wieder erleben darf, zudem antidemokratische Schwenks, sei es in den USA, in Ungarn, in Polen oder im beinahe weltweiten Ausnahmezustand 2020, die sich alle durchaus einer großen Zustimmung erfreuen, die nach Arendt Macht generiert. Und auch die totale Herrschaft kann sich keinesfalls auf Gewalt allein stützen, will sie Macht entfalten, obwohl sie durch den Terror der Geheimpolizei und des Konzentrationslagers gezeichnet ist, wie es Arendt in *Elemente und Ursprünge totaler Herrschaft* analysiert. Oder die Protestgewalt der Straße schlägt in Demokratien gelegentlich sogar in Macht um.

3. Erzeugt der gehorsame Untertan wirklich Macht?

Trotzdem widerspricht Arendt explizit dem Satz Maos, dass die Macht aus den Gewehrläufen komme. Selbst die antike Sklavenhaltergesellschaft gewinnt ihre Stabilität nicht durch offene Gewalt, wie es sich Nietzsche naiver Weise vorstellt, sondern durch eine überlegene Organisation, die den Sklaven Widerstand austreibt und den Gehorsam mit Vorteilen verbindet. So gibt es nach Arendt eine weit verbreitete Neigung zum Gehorsam. Ausführ-

---

[1] Vgl. Hans-Martin Schönherr-Mann, Involution oder Revolution – Vorlesungen über Medien, „Bildung und Politik" an der Universität Innsbruck 2013-2017, Norderstedt 2017, 18

lich schildert sie das anhand des Typus *Eichmann in Jerusalem.*

Die Unterstützung aus dem Volk, die den Staat mächtig werden lässt, besitzt somit einen durchaus ambivalenten Charakter, nämlich einerseits im Gehorsam, wenn sich der Untertan nach Schmitt vom Souverän vorschreiben lässt, wer der öffentliche Feind ist, und andererseits in der demokratisch partizipierenden Bürgerin, die ihre politischen Repräsentanten auch scharf, womöglich gewalttätig kritisiert, ohne dabei aber die politische Ordnung als solche immer grundsätzlich in Frage stellen zu wollen oder zu können. Arendt erlebt den ersteren Typus vor allem in Deutschland 1933, den zweiten in den USA bereits nach ihrer Flucht und sieht sich mit dem dritten auf andere Weise in den sechziger Jahren konfrontiert, dem sie nicht so souverän gegenübersteht und nicht zu ahnen vermag, dass sich hier neue Politik- und Gesellschaftsformen ankündigen.

Die rechte, die konservative wie die orthodox marxistische Theorie betrachten die Untertänigkeit als Voraussetzung für einen machtvollen Staat, der sich dabei auch auf die Gewalt stützt. Für die liberale, die sozialdemokratische, aufgeklärt linke wie die zivilgesellschaftliche politische Philosophie generiert sich Macht heute dagegen eher durch die Mündigkeit und die Emanzipation der Bürgerinnen. Für die Vertreter einer starren politischen Ordnung würde das wiederum keine hinlängliche politische Stabilität gewährleisten, somit eine zu schwache Macht entfalten, neigen sie dazu, demokratische Rechte ganz oder zumindest teilweise aufzuheben. Arendt und Benjamin zählen zu den Vertreterinnen der Mündigkeit, die Arendt in der Rätebewegung verwirklicht sieht und die Benjamin 1921 eher anarchistisch denkt, was voneinander nicht so weit entfernt ist.

Anders als bei Max Weber, Carl Schmitt oder Leo Strauss, für die sich die Macht durch die Gewalt manifestiert, gehört für Arendt die Gewalt nicht unbedingt zum Staat, stützt sie dessen Macht jedenfalls nicht entscheidend. Die Gewalt erzeugt Macht höchstens am Rande, obgleich sie durchaus den Staat im Krisenfall sichern hilft, ist Arendt ja keine Verfechterin der Gewaltlosigkeit oder des Pazifismus, erlebte sie, dass gegen die Nazideutschen nur alliierte Panzer helfen. Die reine Tyrannis aber entfaltet keine Macht, sondern stützt sich auf Gewalt und operiert für Arendt daher verantwortungslos, d.h. sie verantwortet sich nicht gegenüber der Gesellschaft, die vielmehr durch einen Gewaltapparat entmachtet wird.

Doch die Macht, die ein Staat zur eigenen Stabilität braucht, verdankt sich ähnlich wie bei Spinoza der Zustimmung der Menge bzw. der Gesellschaft, mag diese auch aus Untertanen bestehen, wie die Gesellschaften des 19. Jahrhunderts. Martin Saar insistiert in seinem Buch über Spinozas politische Philosophie darauf, „dass Motive, die ich als grundlegend für Spinozas Theorie der Demokratie und der politischen Freiheit ausgewiesen habe, in Arendts politischer Theorie wieder auftauchen und von dort in neuere Debatten um Zivilgesellschaft, politische Autonomie und die feministische politische Philosophie tradiert wurden."[1]

Insoweit ist Arendts Machtbegriff gar nicht ambivalent, sondern schlicht diagnostisch: Macht hat keinen notwendig demokratischen Ursprung. Wenn es sich aber um demokratisch generierte Macht handelt, dann stützen sich deren Institutionen jedenfalls nicht nur nicht auf Gewalt, sondern wirken dieser auch noch entgegen. Arendts Beispiel dafür ist Gandhis gewaltloser Widerstand gegen die britische Kolonialmacht, der von den Nazis oder von Stalin einfach gewaltsam hinweggefegt worden wäre.

---

[1] Martin Saar, Die Immanenz der Macht – Politische Theorie nach Spinoza, Berlin 2013, 394

Also sollte Arendts These von der gewaltneutralen Macht zumindest weiter differenziert werden, hat sie selbst die Differenz zwischen der Zustimmung von Untertanen und jener mündiger Bürgerinnen nicht explizit weit genug durchdacht. Denn für sie braucht Macht keine Rechtfertigung. Nun, sie verdankt sich der Zustimmung der Menge. Aber die Folgen können gravierend sein, wie sich diese Menge konstituiert. Daraus ließe sich die Frage nach der Legitimität aufwerfen, also einer Macht, die sich durch die Mündigkeit und Emanzipation derjenigen legitimiert, die sie konstituieren, und jener, die sich der Unterwerfung der Menge verdankt und dabei regelmäßig andere Gruppen diskriminiert. Wie schreibt doch Carl Schmitt: „Erklärt ein Teil des Volkes, keinen Feind mehr zu kennen, so stellt er sich nach Lage der Sache auf die Seite der Feinde und hilft ihnen, aber die Unterscheidung von Freund und Feind ist damit nicht beseitigt."[1]

4. Die Gewalt der bürokratischen Herrschaft

Während sich derart für Arendt die Macht von selbst ergibt, braucht die Gewalt eine Rechtfertigung. Aber diese besitzt niemals eine Legitimität, auch nicht durch die Zustimmung welcher Menge auch immer. Die Rechtfertigung erhält die Gewalt dadurch, dass sie als Instrument eingesetzt wird, um bestimmte Zwecke zu verfolgen. So konstatiert Arendt: „Es liegt im Wesen der Gewalthandlung, dass sie wie alle Herstellungsprozesse im Sinne der Zweck-Mittel-Kategorie verläuft."[2] Hier zeigt sich eine Parallele zu Benjamins *Zur Kritik der Gewalt*. Für diesen braucht das Recht notwendig Gewalt. Als Naturrecht

---

[1] Carl Schmitt, Der Begriff des Politischen (1927); in: ders., Frieden oder Pazifismus? Arbeiten zum Völkerrecht und zur internationalen Politik 1924-1978, Berlin 2005, 207

[2] Arendt, Macht und Gewalt (1970), 8

dient diese bestimmten Zwecken, beispielsweise wenn Robespierre die Tugend mit dem Terror durchzusetzen versucht. In diesem Sinn beruft sich Arendt sowohl auf Engels als auch auf Clausewitz, die beide in der Gewalt ebenfalls ein Mittel sehen. Oder wenn Leo Strauss 1953, also im Angesicht des Koreakrieges, auf Aristoteles verweisend schreibt: „Eine wohlgesittete Gemeinschaft wird nicht in den Krieg ziehen, es sei denn, es handele sich um eine gerechte Sache. Was sie aber während eines Krieges tun wird, das hängt bis zu einem gewissen Grad von dem ab, was ihr der Feind – möglicherweise ein absolut gewissenloser und barbarischer Feind – zu tun aufzwingt."[1]

Just das gilt für Arendts damals aktuelles Beispiel des Guerillakrieges. Aus der Perspektive des Befreiungskrieges – man denke an den Kolonialismus – rechtfertigt sich die Guerilla als Mittel, mit dem man einem übermächtigen Feind zu begegnen vermag. Nicht mehr das Schlachtfeld entscheidet, auf dem sich zumeist die überlegene Armee durchsetzt. Der Sieg auf dem Schlachtfeld führt nicht zur Unterwerfung der Besiegten, die vielmehr ihren Krieg als Guerilla fortsetzen – dem z.B. die napoleonischen Armeen in Spanien nicht widerstanden.

Aber nicht nur Zwecke bestimmen den Einsatz der Gewalt als Mittel. Arendt kennt auch den umgekehrten Fall, wenn der Zweck von der Gewalt als Mittel verschoben wird. Sie schreibt: „Wo die Gewalt mit ihren Geräten der Machtbasis verlustig gegangen ist, die ihr Ziele und Grenzen setzt, tritt die bekannte Umkehr des Zweck-Mittel-Verhältnisses in Kraft; nun sind es die Mittel, die Werkzeuge der Vernichtung, die die Zwecke bestimmen – mit dem Resultat, dass der tatsächlich erreichte Endzweck die Vernichtung aller Macht ist."[2] Der Zweck, der

---

[1] Leo Strauss, Naturrecht und Geschichte (1953), Frankfurt/M. 1977, 165

[2] Arendt, Macht und Gewalt (1970), 56

durch die Wirkung des Mittels erreicht werden soll, verdankt sich dem Mittel selbst. Die Gewalt entfaltet eine nicht vorhergesehene Wirkung, die nun performativ zum Zweck erhoben wird. Damit bestimmt die Gewalt selbst den Zweck. Das Mittel wird zum Zweck, bzw. die Gewalt zum Selbstzweck.

Benjamin beschreibt diese Wirkung im Rahmen des positiven Rechts. Wenn sich Recht strukturell und immer auf Gewalt stützt, dann wird die Gewalt rechtspositivistisch selbst zum Zweck und beschränkt sich keineswegs darauf, Mittel zu bestimmten Zwecken zu sein. Jeder Rechtsvertrag – so Benjamin – „führt, wie sehr er auch friedlich von den Vertragschließenden eingegangen sein mag, doch zuletzt auf mögliche Gewalt. Denn er verleiht jedem Teil das Recht, gegen den andern Gewalt in irgendeiner Art in Anspruch zu nehmen, falls dieser vertragsbrüchig werden sollte."[1] Die Polizeigewalt ist unter verbreiteten positiv rechtlichen Umständen für Benjamin schierer Selbstzweck, besitzt sie nicht nur eine rechtserhaltende, sondern auch eine rechtssetzende Funktion. Zumindest beherbergt sie heute in modernen Rechtstaaten immer noch einen operativen Spielraum vor Ort.

Die Bürokratie, zu der auch die Polizei zählt, entfaltet für Arendt keine Macht, stützt sie sich vielmehr auf Gewalt, die ja bei Benjamin dem Recht inhärent ist. Wie die Tyrannis verantwortet sich die Bürokratie nicht gegenüber der Gesellschaft, sondern folgt ihren Regeln bzw. dem Recht. Auch die bürokratische Herrschaft entmachtet die Gesellschaft, so dass sie auf Gewalt und nicht auf Macht beruht. „In einer vollentwickelten Bürokratie gibt es," so Arendt, „wenn man Verantwortung verlangt oder auch Reformen, nur den Niemand. Und mit dem Niemand kann man nicht rechten, ihn kann man nicht beein-

---

[1] Walter Benjamin, Zur Kritik der Gewalt (1921) und andere Aufsätze, Frankfurt/M. 1965, 45

flussen oder überzeugen, auf ihn keinen Druck der Macht ausüben. Bürokratie ist diejenige Staatsform, in welcher es niemanden mehr gibt, der Macht ausübt; und wo alle gleichermaßen ohnmächtig sind, haben wir eine Tyrannis ohne Tyrannen."[1] Bürokratisch prägt Stalin die sozialistischen Strukturen den Gesellschaften in der UdSSR auf, wurden unter Marxisten die Vor- und Nachteile der Bürokratisierung damals fleißig diskutiert. In der Bürokratie wandelt sich die Gewalt zum Selbstzweck, so dass sich ihre Macht ja gerade nicht auf die Zustimmung der Bürgerinnen stützt, sondern sich wie die Tyrannis nur der Gewalt verdankt.

Für Arendt folgte daraus, dass sich politische Macht, die sich auf die Zustimmung der Bürger stützt, gegen die Gewaltstrukturen der Bürokratie durchsetzen muss. Max Weber entwickelt den Begriff der bürokratischen Herrschaft als Idealtypus, deren reale starre Strukturen die charismatische Herrschaft aufbrechen soll. Der Präsident sollte gemäß der Weimarer Verfassung direkt vom Volk gewählt werden, just um die verkrusteten politischen wie bürokratischen Verhältnisse zu überwinden. „Nur die Wahl eines Reichspräsidenten durch das Volk" – so Weber – „gibt Gelegenheit und Anlass zu einer Führerauslese und damit zu einer Neuorganisation der Parteien, welche das bisherige ganz veraltete System der Honoratiorenwirtschaft überwindet."[2] Allerdings sollten die Bürger dann dem charismatischen Führer gehorchen und sich in politische Angelegenheiten nicht mehr einmischen. Nach Dirk Kaesler berichtet Marianne Weber über eine Begegnung ihres Mannes mit Erich Ludendorff, dem Erfinder der Dolchstoßlegende, der Weber fragte: „Was verstehen Sie dann unter Demokratie? Weber: In der Demokratie

---

[1] Arendt, Macht und Gewalt (1970), 80

[2] Max Weber, Der Reichspräsident (Feb. 1919), Gesammelte politische Schriften, 3. Aufl. Tübingen 1971, 499

wählt das Volk seinen Führer, dem es vertraut, Dann sagt der Gewählte: ‚Nun haltet den Mund und pariert.' Volk und Parteien dürfen ihm nicht mehr hineinreden. Ludendorff: Solche ‚Demokratie' kann mir gefallen!"[1] Webers Vorstellung von Demokratie entspricht doch eher einer gelenkten, nicht einer, an der sich die Bürgerinnen aktiv beteiligen. Aber die sollen ja gehorchen.

Doch eine gewisse Form der Macht entwickelt die charismatische Herrschaft schon, auch wenn es sich dabei um die Zustimmung wiewohl eher von Untertanen handelt – jedenfalls gemäß Webers Demokratievorstellung. Das repräsentative Modell der Demokratie wurde noch 1970 weitgehend obrigkeitlich ausgelegt. So bemerkt Jan-Werner Müller über die Demokratien des Nachkriegs: „Man sollte gleichwohl in Erinnerung behalten, dass die Vorzeichen, unter denen diese Modernisierung stattfand, alles andere als modern wirkten. Denn sie wurde mittels einer paternalistischen Politik vorangetrieben, (. . .)."[2] Dagegen lehnten sich die Proteste der sechziger Jahre auf, konnten sie die Demokratie daher auch leicht in die Nähe der Diktatur rücken. Umgekehrt räumt jedoch auch Arendt ein, dass diese Proteste eine bürokratisierte Politik durchaus in Bewegung brachten. Das sind dann Involutionsprozesse. So hat sicher nicht nur in Westdeutschland die Demokratie durch die Proteste der sechziger Jahre neue Impulse erhalten. Es fragt sich, wie das Jahr 2020 wirken wird.

---

[1] Dirk Kaesler, Max Weber – Preuße, Denker, Muttersohn. Eine Biographie, München 2014, 885

[2] Jan-Werner Müller, Das demokratische Zeitalter – Eine politische Ideengeschichte Europas im 20. Jahrhundert, Berlin 2013, 246

5. Die Unkontrollierbarkeit der Gewalt

Dabei könnte man eine Parallele zu Marx ziehen, der die Gewalt als Geburtshelferin der Geschichte versteht. Allerdings wendet Arendt gegen Marx ein, dass dessen historisches Subjekt, nämlich das Proletariat, gar nicht besonders revolutionär ist. Marx hatte das ja auch bereits in England erlebt, wo es den Gewerkschaften eher um die Verbesserung der Lebensverhältnisse der Arbeiter ging, was dann die revolutionären Marxisten als Tradeunionismus disqualifizieren wollten. Aber warum sollten sich die Arbeiter auf einen Krieg einlassen, auch wenn es ein Revolutionskrieg sein soll? Bis sie davon etwas haben würden, werden viele gestorben sein und es wird dann noch lange dauern, bis es späteren Generationen besser geht. Man denke an den einfältigen Spruch: Unsere Kinder sollen es einmal besser haben . . .

Arendts Kritik an Marx entfaltet indes eine gewisse Ambivalenz. Sie hält ihm entgegen, dass die Revolutionen gegen einen starken Staat weitgehend aussichtslos sind. Aber Marx' ökonomische Theorie kommt dem durchaus nahe. Der Staat wird nicht von einer starken revolutionären Gewalt gestürzt. Die Revolution der Arbeiter bricht vielmehr dann aus, wenn die kapitalistische Wirtschaft in die große Krise gerät, nach Arendt wenn sich der Staat nicht mehr auf die Unterstützung seiner Bürgerinnen verlassen kann, er also keine Macht mehr hat. Nach Arendt prophezeien die revolutionären Marxisten dem gemächlichen, liberalen Fortschritt die Katastrophe, die dann in den wahren Fortschritt führen soll. Marx erwartet dabei, dass die Revolution nicht allzu blutig ausartet.

Aber die revolutionären Arbeiter werden dann die Diktatur des Proletariats aufbauen, den Staat also nicht abbauen, erwartet Marx ein Absterben des Staates erst nach einer längeren Phase des Sozialismus, wenn die feindlichen Kräfte langsam besiegt und ausgerottet sind. So konstatiert auch Arendt, dass Revolutionen zumeist die staatlichen Mächte stärken. Das könnte natürlich in ihrem Sinn auch durch eine verbreiterte Zustimmung der Bürgerinnen geschehen. Wenn sich dergleichen jedoch durch einen massiven Einsatz von Gewalt durchsetzt, dann werden die Staatsgewalten gestärkt, nicht deren Macht. „Deshalb richten sich Revolutionen in Wahrheit gar nicht gegen die etablierten Mächte. Sie ‚bewirken vielmehr eine Erneuerung und Stärkung der Macht‘,"[1] zitiert Arendt aus *Du Pouvoir* von Bertrand de Jouvenel aus dem Jahr 1947.

Auch Benjamin diagnostiziert dass der rein ökonomische Streik und erst recht der politische Generalstreik ob deren erpresserischem Charakter eine massive Gewalt produzieren, mit der der Streik ins politische Geschehen eingreift, um ein neues revolutionäres Recht zu setzen. Doch „Rechtsetzung ist Machtsetzung und insofern ein Akt von unmittelbarer Manifestation der Gewalt."[2] Dabei kann er eventuell durchaus positiv wirken. Benjamin hatte gerade den Kapp-Putsch im März 1920 miterlebt, als reaktionäre Militärkorps die junge Weimarer Republik stürzen wollten, was vor allem ein politischer Generalstreik der deutschen Gewerkschaften verhinderte, so dass dieser Umsturzversuch nach wenigen Tagen scheiterte und die Republik gestärkt daraus hervorging. Ähnlich wie die Oktoberrevolution führte der politische Generalstreik dadurch nach Benjamin aber nicht zu einer Minderung staatlicher Gewalt, die sich für ihn letztlich im Recht ausdrückt. Dabei beruft er sich auch auf Sorel, der von den etablierten Arbeiterorganisationen keine nachhaltige

---

[1] Arendt, Macht und Gewalt (1970), 75
[2] Benjamin, Zur Kritik der Gewalt (1921), 57

Revolution erwartet, sondern nur einen Austausch der Eliten. Er schreibt: „da das Proletariat vollkommen in offizielle Gewerkschaften eingereiht sein würde, würden wir die soziale Revolution in eine wunderschöne Knechtschaft auslaufen sehen."[1]

Derartige revolutionäre oder auch kriegerische Gewalt vergleicht Benjamin daher mit der mythischen Gewalt, die durch blutige Eingriffe neue Sitten oder ein neues Recht gründet. Er verweist auf die Niobe-Sage: „Zwar könnte es scheinen, die Handlung Apollons und der Artemis sei nur eine Strafe. Aber ihre Gewalt richtet viel mehr ein Recht auf, als für Übertretung eines bestehenden zu strafen."[2] Man könnte aber auch an den Sturz der Sphinx durch Ödipus denken oder an die Rückkehr des Odysseus nach Ithaka. Wird mit Niobe die Hybris bestraft und damit eine gewisse sittliche Hierarchie festgeschrieben, so wird in den beiden anderen Mythen jeweils die Polis gewaltsam auf neues Recht gegründet.

Ähnlich unterbricht für Arendt Gewalt den Lauf der Dinge, allein schon deshalb, weil man die Auswirkungen von Gewalt schwer voraussehen kann. Damit widerspricht sie aber Marx, für den die Gewalt dem Fortschritt auf die Sprünge verhilft, einen Fortschritt wieder beschleunigt, der durch die kapitalistische Wirtschaft behindert wird. Den gehemmten Fortschritt zu entfesseln, heißt aber nichts anderes, als dass damit auch nichts Neues entsteht. Dem würde Marx zwar nicht zustimmen. Aber die Keimzelle der sozialistischen Gesellschaftsordnung entwickelt sich nach Marx bereits im Kapitalismus. Eine gewisse Determination scheint dem Marxschen Denken somit inhärent. Letztlich entsteht nichts wirklich Neues durch die Revolution, entwickelt sich das Alte,

---

[1] Sorel, Über die Gewalt (1908), 204
[2] Benjamin, Zur Kritik der Gewalt (1921), 55

bereits Vorhandene höchstens weiter, allen Beschwörungen vom Ende der Geschichte und dem Beginn der wahren Geschichte im Kommunismus zum Trotz.

6. Ende oder Anfang des Handelns

Dagegen kommt für Arendt das Neue durch das Handeln selbst in die Welt, nicht allein durch die Unberechenbarkeit von Gewalt, die dabei aber durchaus begleitend mitwirkt. Nicht nur dass sie in ihrem Spätwerk über *Das Wollen* den Menschen als den Gebürtlichen auszeichnet, so dass mit jedem einzelnen etwas Neues in die Welt gelangt, besitzt er die Fähigkeit, etwas Neues anzufangen, was ja von naturwissenschaftlicher Seite, fast noch mehr von geisteswissenschaftlichen Auslegern derselben fleißig dementiert wird. So schreibt beispielsweise der Welthistoriker Yuval Harari: „Im 21. Jahrhundert ist es viel wahrscheinlicher, dass sich das Individuum still und leise von innen heraus auflöst und nicht von einem äußeren Big Brother brutal zerschlagen wird. (. . .) Die Realität wird ein Mischmasch aus biochemischen und elektronischen Algorithmen sein, ohne klare Grenzen und ohne individuelle Knotenpunkte."[1] Allerdings darf man dann fragen, ob er selbst überhaupt der Autor seines Buches sein kann, müsste es dann von einem Algorithmus geschrieben worden sein. Ein Algorithmus kann denn auch vielleicht noch eine Weltgeschichte schreiben und andere Algorithmen haben ersterem einen Lehrstuhl für Weltgeschichte eingerichtet. Man sieht, dass Algorithmen nicht unbedingt an einem Übermaß von Intelligenz leiden.
Doch für Arendt unterbricht nicht primär solche Gewalt die Kausalketten oder klinkt sich in diese ein, sondern

---

[1] Yuval Noah Harari, Homo Deus – Eine Geschichte von Morgen, München 2017, 466

der Handelnde. Hier hallen sowohl Kants Noumenon wie auch sein durch das Moralgesetz bestimmter Wille nach, was sich empirisch indes nicht aufweisen lässt. Dessen ist sich Kant bewusst. Arendt nimmt Kants Konzeption indes empirisch so ernst, dass beim Handeln wirklich das Neue entsteht, was nicht ohne Auswirkungen auf *Macht und Gewalt* bleibt.

Politisch handelnde Menschen – und nach *Vita activa* heißt Handeln immer politisch Handeln, wird ansonsten gearbeitet oder etwas hergestellt – bringen immer etwas Neues in die Politik ein, beispielsweise die Originalität ihrer individuellen Gedankenmischungen, was weder die Religionen noch die Ideologien goutieren. An Revolution denkt Arendt dabei nicht. Aber die politisch handelnden bzw. kommunizierenden Zeitgenossinnen konstituieren Macht, die sich auf dieses Handeln stützen kann. Wenn für Arendt politisches Handeln im engeren Sinn Kommunikation in der Öffentlichkeit bedeutet, dann wird dabei Gewalt primär vermieden, wiewohl auch nicht ganz ausgeschlossen.

Ohne allzu kritische Distanz beschreibt denn Arendt auch, dass nach Frantz Fanon die Gewalt durchaus ethische Werte realisiert, die nur der Krieg schafft – eine Argumentation die sich genauso bei Max Scheler und Ernst Jünger finden lässt. Auf den Schlachtfeldern entfaltet sich der Zauber der Brüderlichkeit: Welch ein Schlacht-Fest! So feiert Sorel „die Idee, dass der Kriegerberuf mit keinem anderen verglichen werden kann, – dass er den Menschen, der sich ihm hingibt, an eine Stelle erhebt, die den gewöhnlichen Bedingungen des Lebens überlegen ist, – dass die Geschichte ganz und gar auf den Abenteuern der Kriegsleute beruht: derart, dass die Wirtschaft nur zu dem Zwecke vorhanden ist, sie zu unterhalten."[1] Auch die marxistischen Intellektuellen, die sich als

---

[1] Sorel, Über die Gewalt (1908), 196

Revolutionäre in Militärs verwandeln, propagieren dann soldatische Tugenden – man denke an Che Guevara –, die der schon von Sorel so genannten Konsumentenmoral entgegengesetzt werden, was bis in die radikalen Achtundsechziger reicht, vor allem wenn sie in den Folgejahren eine zunehmende Militanz entfalten oder gar in den Terrorismus abgleiten.

Anders als Sorel, Fanon oder Sartre glorifiziert Arendt die Gewalt indes nicht. Nach Sartre verliert der bloß arbeitende Mensch, der sich der Gewalt enthält, seine Lebendigkeit – für Arendt muss er dazu kommunizieren. Sie würde Sartre und Fanon auch keinesfalls zustimmen, wenn beide die Gewalt des kolonialen Befreiungskampfes gar für kreativ halten, die sowohl den neuen Menschen wie das Neue in der Politik schafft. Oder gar heilend wirken soll, wie es Sartre formuliert: „Gibt es Heilung? Ja. Die Gewalt kann, wie die Lanze des Achill, die Wunden vernarben lassen, die sie geschlagen hat."[1]

Sorel schließt an Henri Bergsons Élan vital an, der dem Krieg ebenfalls eine lebendige Kraft attestiert. Nach Clausewitz und Jouvenel verwirklicht sich in der Gewalt lustvoll die Männlichkeit. Auch bei Schmitt bringt der Ausnahmezustand die Lebendigkeit in erstarrte verrechtlichte Verhältnisse zurück. Nicht nur im rechten und konservativen Lager werden seit dem 19. Jahrhundert die rationalisierten modernen Lebensverhältnisse als erstarrt und lebensfeindlich kritisiert. Die Gewalt erscheint darauf die angemessene Antwort. Im linken Lager feiert man die revolutionäre Gewalt, der gerade Sorel in der Form des Generalstreiks reale kreative Chancen einräumt, wenn er schreibt: „Die proletarischen Gewalttaten (. . .) sind rein und schlechthin Kriegshandlungen, sie haben den Wert militärischer Kundgebungen und dienen

---

[1] Jean-Paul Sartre, Vorwort zu: Frantz Fanon, Die Verdammten dieser Erde (1961), Reinbek bei Hamburg 1969, 25

dazu, die Scheidung der Klassen kenntlich zu machen."[1] Etwas, das die Bourgeoisie nach Sorel ja tunlichst vermeiden möchte, indem sie auf einen sozialen Ausgleich abzielt, ein Gedanke, den Nietzsche in die Debatte einbrachte, der die herrschenden Eliten als zu schwächlich kritisiert und neue abgehobene harte Eliten fordert, die sozial keine Rücksicht nehmen.

Dem würde Benjamin entgegenhalten, dass sich in allen diesen Gewaltformen entweder die rechtliche oder die prärechtliche, also mythische Gewalt realisiert, die beide der Gewalt nicht entgehen, vielmehr in ihrem Horizont verharren. Sorel spricht sogar vom revolutionären Mythos, der die Arbeiter motivieren soll. Just das Neue, nach dem Arendt fragt, das die Gewalt gar überwindet, das ihr entsagt, entwickelt sich derart nicht. Auch nicht das, wonach Benjamin sucht, wenn er Schmitts Souveränitätsbegriff konterkariert: Das frühneuzeitliche Verständnis von Souveränität entspringt, so Benjamin, „einer Diskussion des Ausnahmezustandes und macht zur wichtigsten Funktion des Fürsten, den auszuschließen."[2]

Das liegt für Benjamin daran, dass es für ihn Gewalt nur unter Bedingungen von Sittlichkeit und Moral gibt. Das natürliche Fressen und Gefressenwerden kann man nicht als Gewalt bezeichnen. „Denn zur Gewalt im prägnanten Sinne des Wortes wird eine wie immer wirksame Ursache erst dann, wenn sie in sittliche Verhältnisse eingreift. Die Sphäre dieser Verhältnisse wird durch die Begriffe Recht und Gerechtigkeit bezeichnet."[3] Nicht nur der Gewalt, auch der Macht attestiert Arendt ebenfalls, dass es sich bei beiden um keine Naturphänomene handelt, allerdings ohne darauf näher einzugehen. Für Ben-

---

[1] Sorel, Über die Gewalt (1908), 127

[2] Benjamin, Ursprung des deutschen Trauerspiels (1928), Gesammelte Schriften Bd. I.1, Frankfurt/M. 1972, 245

[3] Benjamin, Zur Kritik der Gewalt (1921), 29

jamin ist das der Angelpunkt seiner *Kritik der Gewalt*. Daher setzt der politische Generalstreik für Benjamin die Gewaltorientierung fort, verbleibt für Arendt die soziale Revolution im selben Horizont der Gewalt.

7. Gewalt als Eingriff Gottes bzw. als Wunder

Für Benjamin gibt es indes doch einen Ausweg aus dieser Spirale der Gewalt, nämlich eine Gewalt als Naturphänomen, die ja keine Gewalt wäre, die kein Instrument wäre, die Benjamin als reine Gewalt oder reines Mittel bezeichnet. Er schreibt: „Ist aber der Gewalt auch jenseits des Rechtes ihr Bestand als reine unmittelbare gesichert, so ist damit erwiesen, dass und wie auch die revolutionäre Gewalt möglich ist, mit welchem Namen die höchste Manifestation reiner Gewalt durch den Menschen zu belegen ist.“[1] Dergleichen realisiert sich, wenn die Revolutionäre wirklich auf die Abschaffung des Staates abzielen, d.h. auch auf die Abschaffung des Rechts, das dann überflüssig würde. Es handelt sich also um eine proletarische Revolution, die anders als bei Sorel anarchistische Vorstellungen umsetzt, von Sorels proletarischem Generalstreik aber inspiriert ist, nicht aber seiner Gewaltverherrlichung folgt.

Und Arendt bewundert nicht nur die Rätebewegung. Sie amüsiert sich über Sorels Gewaltverherrlichung: „Georges Sorel (. . .) interpretierte den Klassenkampf mit militärischen Begriffen, hatte jedoch letzten Endes nichts Gewaltsameres vorzuschlagen als den ‚Mythos des Generalstreiks‘, eine Form der Aktion, die wir heute eher dem Arsenal der gewaltlosen Politik zuweisen würden.“[2] Dann kann sie Benjamins *Zur Kritik der Gewalt* schwerlich

---

[1] Ebd., 64
[2] Arendt, Macht und Gewalt (1970), 16

gekannt haben, der den Streik als solchen als einen gewaltsamen Akt versteht.

Aber sie attestiert ja der Protestgewalt der späten sechziger Jahre, dass sie wirklich Erfolge erzielen würde, auch wenn diese ambivalent erscheinen. So schreibt sie: „Da Gewalttätigkeit und Krawalle nur für kurzfristige Ziele sinnvoll eingesetzt werden können, ist es (. . .) immer noch wahrscheinlicher, dass sich die Obrigkeit zur Erfüllung offensichtlich unsinniger und auf die Dauer sehr gefährlicher Forderungen entschließen wird, nur weil sie sich leicht und schnell durchführen lassen (. . .), als dass die Taktik der Gewalt notwendige, aber langfristige Reformen erreicht."[1] Wiewohl Arendts Urteile hier etwas situativ belastet erscheinen, streitet sie nicht die prinzipielle Möglichkeit ab, dass Gewalt zur Macht konstruktiv beiträgt.

Die Proteste der späten sechziger Jahre waren auch mit einer gehörigen Portion rousseauianischer Kulturkritik ausgerüstet, so dass viele ihrer Protagonisten nicht zufällig in den siebziger Jahren in die Ökologie abfuhren. Viele träumten von anarchischen Umständen oder einer anderen Form des Ausstiegs aus der Gesellschaft. Derart käme diese Protestgewalt Benjamins Vorstellungen von einer Gewalt nahe, die allein darauf abzielt, die rechtliche Gewalt zu beenden, also ein Zurück-zur-Natur einzuläuten, an das Rousseau selbst nie dachte.

Dabei hat Benjamin noch eine andere Interpretation einer solchen Sachlage, nämlich das Judentum. Im Alten Testament interveniert Jahwe mehrfach. Benjamins Beispiel ist vor allem die Rotte Korah, ein Aufstand gegen Aaron und Moses, die Jahwe unangekündigt und plötzlich verschwinden lässt, also eine quasi natürliche Gewalt im Dienst des Lebendigen, die entweder gewaltlos oder

---

[1] Arendt, Macht und Gewalt (1970), 79

ein reines Mittel, also nach Benjamin gar keine Gewalt darstellt, vor allem deshalb, weil sie in keinem Fall wie die mythische Gewalt einen neuen Rechtszustand installiert, sondern nur von Gewalt befreit. So heißt es bei Benjamin: „Wie in allen Bereichen dem Mythos Gott, so tritt der mythischen Gewalt die göttliche entgegen. (. . .) Ist die mythische Gewalt rechtsetzend, so die göttliche rechtsvernichtend, setzt jene Grenzen, so vernichtet diese grenzenlos, (. . .).“[1] Eine solche göttliche Wirkung gesteht Benjamin weder Sorels proletarischem Generalstreik noch der kommunistischen Revolution zu, die beide nur in neue Rechts- bzw. Gewaltverhältnisse führen, wohl aber dem anarchistisch proletarischen Generalstreik, der den Staat abschafft bzw. in den Naturzustand springt.

Wie kommt das Andere des Rechts, wie kommt das Lebendige zurück in die Geschichte? Nur durch einen Akt von außen, der sich weder an einem Moralcode noch an einer Rechtsordnung orientiert und auch nichts dergleichen herstellen will. Die Revolution – man müsste von fundamentaler Kulturrevolution sprechen – steht wie der Eingriff Gottes im Dienst des Lebens, was dieses von den gewaltbasierten rechtlichen Verhältnissen befreit und wieder verlebendigt.

Wenn Carl Schmitt in der *Politischen Theologie* an diesen Gedanken anschließt und den Ausnahmezustand mit dem Wunder in der Theologie vergleicht, dann entspricht das gleichfalls dem lebensphilosophischen Zeitgeist der zwanziger Jahre. Ironischerweise erscheint die Gewalt des Ausnahmezustands als gewaltlos, weil sie jenseits des Rechts operiert. Hier zeigt sich die Grenze von Benjamins Konzeption. Denn Schmitt würde diesen Gedanken natürlich begrüßen: Im Ausnahmezustand ist dem Souverän alles erlaubt und das könnte dann nicht

---

[1] Benjamin, Zur Kritik der Gewalt (1921), 59

119

mal als Gewalt gebrandmarkt werden. Es erscheint dann einfach als Notwendigkeit, um die Souveränität zu erhalten, der sich alle zu unterwerfen haben. Jene, die sich dem verweigern, droht die Eliminierung, die gar keine Gewalt wäre, weil das ja gegen gar kein Recht verstoßen könnte, das nun mal aufgehoben ist. Im Sinn von Benjamin indes kehrt eine solche jenseits des Rechts operierende Gewalt – just wenn sie nach Schmitt eine Ordnung ohne Recht verkörpert – auch wieder in die juridifizierte Erstarrung des Lebendigen ein, eben in die Gewalt des Rechts. Das würde Schmitt nicht mal so sehr widersprechen, koppelt er den Ausnahmezustand ja an den Rechtszustand rück. Dass das logisch unmöglich ist, wäre auch nicht sein Problem. Das Wunder ist ja gerade nicht mit der Logik und der Rationalität zu erfassen.

8. Von der Kommunikation zur Dekonstruktion

Anders als Benjamin will Arendt aber ähnlich wie Schmitt den Rechtszustand nicht hinter sich lassen. Aber sie will die Macht nicht wie Schmitt auf Gewalt gründen. Doch sie schwört der Gewalt nun mal nicht völlig ab, erstens im Krieg, zweitens aber vor allem bei einer Protestgewalt in der Demokratie. Dass diese Gewalt denn doch Macht begründet, wider ihr Diktum, das Macht und Gewalt trennt, lässt sich mit Benjamins Idee der gewaltlosen Gewalt als Eingriff Gottes oder von einem Jenseits des Rechts aus verstehen. Nicht nur dass solche Gewalt ob ihrer kurzfristigen Situativität einen symbolischen .d.h. kommunikativen Charakter entfaltet, vielmehr schränkt sie Arendt ja auch derart ein, dass sie nicht zur Strategie transformiert werden darf, was in den Bürgerkrieg führen würde. Dann wirkt sie auf die Macht derart ein, dass die Macht von ihr lernt, so dass diese Protestgewalt die

Macht stärkt und nicht schwächt. Dann gibt es auch kommunikative Formen der Gewalt.

Dabei bleibt die Ambivalenz der Macht bestehen, die sich auf politisches Handeln stützt, dessen Kern Kommunikation in der Öffentlichkeit darstellt. Denn es ist nicht klar, warum das ein Königsweg sein soll, könnte das doch auch auf einen Abweg führen. Für ihren Lehrer Karl Jaspers ist daher ein philosophischer Glaube an Kommunikation notwendig, kann man letztlich nicht wissen, ob die Kommunikation wirkt. Das erscheint ähnlich, wie Kant im Dialektik-Kapitel seiner *Kritik der praktischen Vernunft* einen Glauben an positive Wirkungen der praktischen Vernunft postuliert, was sich letztlich genauso wenig absichern lässt wie die der Kommunikation.

Wenn man freilich unterstellt, dass die anarchistischen Hoffnungen Benjamins analytisch zwar möglich, trotzdem sehr fern liegen, dann ist Arendts Position, die auf politische Partizipation der Bürger setzt, die einzige nicht abwegige Perspektive, *Macht und Gewalt* einerseits zu differenzieren und andererseits letzterer trotzdem eine gewisse Rolle bei der Machtkonstitution zu attestieren. Diese Perspektive, die sich nach Benjamin nur anarchistisch oder im jüdischen Sinn eröffnet, dass nämlich der Messias die Welt durch einen göttlichen Eingriff von der Gewalt befreit, ließe sich durch das gnostische Denken eines anderen Freundes von Arendt, nämlich Hans Jonas noch um eine Pointe bereichern: Wenn der Gott mangels Allmacht nicht eingreifen kann, dann tragen alleine die Menschen selber die Verantwortung für die gemeinsame Welt. Und nicht nur das, so Jonas: „In unsern unsicheren Händen halten wir buchstäblich die Zukunft des göttlichen Abenteuers auf Erden, und wir dürfen Ihn nicht im

Stiche lassen, selbst wenn wir uns im Stiche lassen wollten."[1]

Arendt ist zu früh gestorben, um noch daran teilnehmen zu können, wie sich politisch aktive Bürger seit den siebziger Jahren auf den Weg machten, die Politik durch Protestgewalt und ansonsten in viel größerem Maße durch politisches und soziales Engagement zu beeinflussen. Das bestätigt auch Jan-Werner Müller: „die Menschen wollten nicht nur von Eliten vertreten werden, sondern sich selber einmischen, beharrten die 68er; und unterschiedliche Menschen, die nach wie vor vertreten werden wollten, wollten unterschiedlich vertreten werden – allen voran die Frauen. ‚Autonomie' war letztlich doch mehr als ein Slogan."[2] Das läuft in den folgenden Jahrzehnten in eine pluralistische Zivilgesellschaft aus, die sich nicht zufällig gegen Diskriminierung wendet und die sich für die Emanzipation diverser Minderheiten einsetzt. Just dann zeigt sich um so deutlicher, dass sich Macht in einem erheblichen Maß den aktiven Bürgern verdankt und die Gewalt dabei eine geringere Rolle spielt als noch in der ersten Hälfte des 20. Jahrhunderts – der Sinn meines Begriffs der Involution, die allerdings dort nicht mehr funktioniert, wenn sich die Zivilgesellschaft unkritisch der medizinischen Gewalt unterwirft, wenn sich dadurch entbirgt, dass ihr höchster Wert nicht die Menschenrechte, nicht die Freiheit, nicht die Gerechtigkeit, sondern die Gesundheit ist, die in den Händen der Medizin und des ihr folgenden Staates zur biopolitischen Lenkungsinstanz avanciert, die durchaus totalitäre Züge anzunehmen in der Lage erscheint.

---

[1] Hans Jonas, Organismus und Freiheit - Ansätze zu einer philosophischen Biologie (1966), Göttingen 1973, 338 (Neuauflage: Das Prinzip Leben, Frankfurt/M., Leipzig 1994)

[2] Jan-Werner Müller, Das demokratische Zeitalter (2013), 338

Arendt äußert dabei auch ein gewisses Verständnis, dass Leute wie Fanon aus einem durchaus moralisch begründeten Hass auf die Gesellschaft zur Gewalt neigen. Wenn daraus keine prinzipiell gewaltbasierte Politik wird, wenn sich höchstens eine Protestgewalt gegen Ungerechtigkeit auflehnt und so dringend wie drängend nach Gerechtigkeit verlangt, dann eröffnet sich im Anschluss an Benjamin eine weitere Perspektive, die Arendt zumindest ansatzweise andenkt.

Derrida wird diese Perspektive 1989 als politische Philosophie der Dekonstruktion ausarbeiten und zwar just im Anschluss an Benjamins *Zur Kritik der Gewalt*. Er folgt dessen Diagnose, dass das Recht auf Gewalt beruht, aber selbstredend nicht dessen Hoffnungen auf eine anarchistisch inspirierte Revolution oder auf die Ankunft des Messias. Und doch versucht Derrida – etwas ironisch betrachtet – den göttlichen Standpunkt einzuholen, nämlich den der Gerechtigkeit, die im Kontext des Rechtes in diverse Aporien gerät, unter anderem den der Schnelligkeit. Gerechtigkeit kann eigentlich nicht warten. Die Mühlen des Rechts aber mahlen viel zu langsam, um Gerechtigkeit zu realisieren. Diese Mängel des Rechts bzw. diese Aporien der Gerechtigkeit versucht die Dekonstruktion zu eruieren. „Man hat das Recht, die legitimierende Macht oder Autorität und all ihre Lesevorschriften zu suspendieren, man kann dies im Zuge des treuesten, wirksamsten, treffendsten Lesens tun, eines Lesens, das natürlich zum Unlesbaren <der göttlichen oder mythischen Gewalt> in Bezug tritt, zuweilen – aber nicht immer, um eine andere Leseordnung zu (be)gründen, (. . .).“[1] Der Eingriff Gottes soll das Recht aufheben. Ob das der Dekonstruktion gelingt, bleibt genauso fraglich.

---

[1] Jacques Derrida, Gesetzeskraft – Der ,mystische Grund der Autorität' (1990), Frankfurt/M. 1991, 81

Aber die Dekonstruktion will der Gerechtigkeit gerecht werden – in gewisser Hinsicht der göttlichen, die durch keine Gesetze und kein Recht beschränkt bzw. gelenkt wird und die sich nicht auf Gewalt als Mittel stützt – eine Gerechtigkeit also, die ähnlich wie die göttliche die Grenzen des Rechts überschreitet. Die Dekonstruktion will derart der Gewalt auf die Spur kommen. Welche Zwecke damit erreicht werden können, das hat Derrida eher im Dunklen gelassen. Aber die Dekonstruktion führt ob ihrer permanenten Differenzierung, die Komplexität nicht reduziert, in ein pluralistisches Szenario, das dem von Arendt nicht so fern liegt, just wenn diese im ZDF am 28.10.1964 im Gespräch mit Günter Gaus darauf insistiert: „Ich selber wirken? Nein, ich will verstehen."

Wenn Arendt die Macht von der Gewalt trennt, dann sucht sie einen ähnlichen Weg der politischen Philosophie jenseits der Gewalt, der sich weder dem Pazifismus anheimgibt, und der doch in keine sogenannte Realpolitik einkehrt, die eine solche Trennung als naiv abkanzelt und sich mit der Gewalt einfach arrangiert oder sie gar wie Sorel begeistert in Dienst stellt. Arendt deutet weder wie Benjamin die Gewalt um, noch beschränkt sie sich auf eine Denkweise, Gewalt wie Derrida zu eruieren. Mit ihrem Machtbegriff am Rande der Gewalt entwickelt Arendt eine politische Philosophie, die den Totalitarismus, die gelenkte Demokratie wie auch die heute fast verblasste partizipatorische zu verstehen hilft. Und nicht nur das; vielmehr hilft ihr Machtbegriff, sich in der Politik des Ausnahmezustands zu orientieren.

V. KAPITEL

DIE POLITISCHE ROLLE DER PHILOSOPHIE BEI JASPERS, HEIDEGGER, ARENDT UND HABERMAS

Das Verhältnis von Philosophie und Politik ist kein originärer Gegenstand der politischen Philosophie, wie man vorschnell meinen könnte. Auch wenn das analytische Philosophen für absurd halten mögen, man kann auch eine Linie von der Wissenschaftstheorie zur Politik legen, nämlich als dekonstruktives Geschäft – wie am Ende des letzten Kapitels vorgeführt –, was die Zunft der Wissenschaftstheoretiker sicher ablehnen würde.

Die politische Philosophie fragt nach dem Guten und nach dem Gerechten, womit Beziehungen in alle Bereiche des Lebens hergestellt werden, in die Kunst, in die Technik, in die Theologie, etc. Daraus ergibt sich auch ein kritisches Geschäft. Leo Strauss unterscheidet in seiner programmatischen Schrift aus dem Jahr 1959 *What is political philosophy?* eine klassische von einer modernen Antwort auf diese Frage. Im Zentrum der klassischen Antwort steht die Frage nach dem guten Leben, für das der Staat zu sorgen hat. Das gute Leben bringt alle Fähigkeiten des Menschen zu ihrer Blüte und realisiert folglich das Gute, also primär ethische Vorstellungen, die dadurch der Politik zugrunde liegen. So stellt Leo Strauss fest, dass es „eine fundamentale und gleichzeitig spezifische Übereinkunft unter allen klassischen politischen

Philosophen gab: das Ziel des politischen Lebens ist die Tugend, und die dazu dienlichste Ordnung ist die aristokratische Republik, oder anders formuliert das gemischte Regime."[1]

Die moderne Antwort auf diese Frage unterscheide ich jenseits von Strauss formal und nicht essentialistisch. Die moderne politische Philosophie im engeren Sinn, die die antike nicht einfach fortschreiben möchte, fragt daher überwiegend nicht mehr nach dem Guten, sondern primär nach formalen Grundlagen des Gerechten, ergeben diese sich entweder durch das politische Handeln, deontologisch ethisch, dekonstruktiv gemäß der Strukturen der Sprache oder in der medialen Kommunikation. Zu den wichtigsten Vertretern der politischen Philosophie im 20. Jahrhundert zählen im konservativen Lager Schmitt, Strauss und Voegelin; im liberalen Lager Dewey, Rawls und Charles Taylor; im linken Lager Michael Walzer, Habermas, Oskar Negt; im existentialistischen Jaspers, Arendt und Sartre, im postmodernen Foucault, Lyotard und Derrida.

Ob klassisch oder modern, die politische Philosophie stellt zwar eine der letzten philosophischen Disziplinen dar, die sich mit allen Lebensbereichen beschäftigt. Sie kann sich vor diesem Hintergrund auch mit dem Verhältnis von Philosophie und Politik auseinandersetzen. Aber man muss dieses Verhältnis nicht immer schon aus politisch philosophischer Perspektive betrachten, also als ein entsprechendes Geschäft. Das Verhältnis von Philosophie und Politik lässt sich auch jenseits der Frage nach dem Guten oder dem Gerechten analysieren, nämlich allein aus der Philosophie heraus z.B. der Sprachphilosophie, genauso wie nur von der Politik aus.

---

[1] Leo Strauss, What is Political Philosophy? and other studies, New York, London 1959, 40 (eigene Übersetzung)

1. Widerständiges „Denken ohne Geländer"

Obwohl Arendt sich selber als politische Theoretikerin bezeichnet hat, ich sie aber primär als politische Philosophin verstehe, da sich weite Teile ihres Werkes mit den Grundlagen der Gerechtigkeit, also mit Fragen rings um das Politische beschäftigen, lässt sich bei Arendt das Verhältnis von Philosophie und Politik auch unmittelbar, also jenseits der politischen Philosophie betrachten. Denn, obwohl viele Arendt gemäß der Unterscheidung von Leo Strauss ob ihrer Orientierung an der Athenischen Demokratie der klassischen politischen Philosophie zurechnen würden, geht sie philosophisch – nicht politisch – weder von Platon noch von Aristoteles aus, sondern von Kant, Heidegger und Jaspers, damit von originären Vertretern der Moderne, auch wenn die letzten zwei nicht mehr dem Fortschrittsoptimismus der Aufklärung huldigen. Sie stützt sich somit auf ein philosophisches Denken, das die Frage nach dem Guten längst hinter sich gelassen hat und das auch keine Einsicht in eine stabile Ontologie voraussetzt, so dass man daraus im Sinne des Aristoteles die Ethik ableiten könnte.

Arendt bekundet stattdessen 1972, dass sie „ohne Geländer" denke.[1] Damit schließt sie an Nietzsches Wort aus dem *Zarathustra* an: „Oh meine Brüder, ist *jetzt* nicht Alles im *Flusse*? Sind nicht alle Geländer und Stege in's Wasser gefallen? Wer *hielte* sich noch an 'Gut' und 'Böse'?"[2] Kant trennt nicht nur theoretische und praktische

---

[1] Arendt, Diskussion auf einer Tagung in Toronto im November 1972; in: dies., Ich will verstehen – Selbstauskünfte zu Leben und Werk, 3. Aufl. München 2007, 112

[2] Friedrich Nietzsche, Also sprach Zarathustra (1882-84), Kritische Studienausgabe (KSA) Bd. 4, München, Berlin, New York 1999, 252

Philosophie, so dass man weder aus der praktischen heraus die theoretische beurteilen könnte, noch dass man aus der spekulativen Erkenntnis moralische Maxime ableiten dürfte. Vielmehr zieht er die subjektiven Grenzen objektiver Erkenntnis und erschüttert wider Willen dadurch als zweiter nach David Hume in seinem Frühwerk *Traktat über die menschliche Natur* (1739-40) nachhaltig die Einsicht in die wahre Wirklichkeit, die in der klassischen Philosophie nur relativistisch hinterfragt wurde, in der Scholastik durch die Bibel, bei Thomas zusätzlich durch Aristoteles, dann bei Galilei durch Mathematik und Experiment stabilisiert erschien. Für Nietzsche erweist sich dann nicht nur das Gute genealogisch als Produkt des Bösen, sondern er stellt die naturwissenschaftliche Erkenntnis nur als eine Interpretation im engen Gefängnis der Sinne dar. Gewissheiten, also Sicherheit verleihende Geländer wie im Sinne von Strauss das Gute bei Platon als das seiner Natur entsprechende Leben besitzt das moderne Denken weder in theoretischer noch in praktischer Hinsicht. Vor diesem philosophischen Hintergrund eröffnet sich bei Arendt das Verhältnis von Philosophie und Politik durchaus in einer skeptischen Perspektive, wie sie vor allem von Hume in seinem Frühwerk entworfen wurde, über das sich sein Biograph Gerhard Streminger abwertend äußert: „Im *Traktat über die menschliche Natur* hatte der Autor eine *terra incognita* betreten, nur um nach einiger Zeit unter Lebensgefahr zu bemerken, dass dieses unbekannte Land völlig unbewohnbar ist."[1] Nietzsche wird indes als erster einsehen, dass man sich nicht einbilden sollte, man wüsste mehr als das. Arendt wird schließlich einsehen, dass man im Politischem auf einer wackeligen Erdscholle balanciert, die auf einem Magma-See schwimmt.

---

[1] Gerhard Streminger, David Hume – Der Philosoph und sein Zeitalter, 3. Aufl. München 2011, 286

Daher beseelt Arendt auch kein klassisches Politik-Verständnis, nach dem Politik die Aufgabe hat, das gute Leben zu ermöglichen, sowenig wie ein mittelalterliches, nach dem es die göttliche Ordnung realisieren soll. Arendt weiß, dass sich Politik nicht auf Moral stützen kann, helfen gegen die nazi-deutschen Armeen nur die alliierten Panzer und keine moralischen Appelle. Andererseits herrscht in der Politik weder schlichte Willkür noch reiner Dezisionismus, leitet sie sich vielmehr durchaus von den Bürgerinnen, deren Urteilen und Interessen ab. Arendt vertritt gerade keine aristokratische Republik im Stile von Strauss, in der eine Elite über Einsicht in das Gemeinwohl verfügt, während die Masse nur ihren egoistischen Interessen folgt und daher von dieser Elite auch gegen ihren Willen gelenkt werden muss und darf – nach dem frühen Hume und Nietzsche eine Illusion und höchstens noch konstruktivistisch projektierbar. Solche Gewissheiten über die öffentlichen Angelegenheiten gibt es aus philosophischen Gründen nicht und sie können auch durch keinen Ausnahmezustand ersetzt werden. Trotzdem folgt Arendt Nietzsches Vorstellungen genialer politischer Führer nicht – woher immer diese Genialität auch kommen mag –, denen sich aber just ob solcher Irrationalitäten die Bevölkerung unterwirft oder unterworfen werden muss. Wenn es keine Gewissheiten gibt, dann müssen geniale politische Führer nach Schmitt diese dezisionistisch bestimmen.

Das Gegenteil ist jedoch der Fall, jeder einzelne muss sich im Chaos der Welt seinen eigenen Weg suchen. Wenn sich die Zeitgenossinnen von der hierarchischen Gesellschaftsstruktur verabschieden würden, könnte sich die menschliche Evolution entfesseln, die durch das Beharren auf traditionellen ethischen Orientierungen und auf hierarchischen Gesellschaftsstrukturen gehemmt wird. Die Intelligenz einzelner Führer oder Experten bleibt immer beschränkt und prägt dann die ganze Gesellschaft in einer Richtung, so dass evolutionäre Sprünge praktische ausgeschlossen sind, weil diese sich gemäß Darwin individuellen Entwicklungen verdanken.

Gemeinsame Probleme entstehen, weil die Menschen nun mal zusammen leben, so dass also die einzelnen zwangsläufig immer selber daran beteiligt sind. Politik geht von den Bürgern aus und rekurriert damit notwendig auf sie. Politik leitet sich bei Arendt aus ihrem Verständnis von Macht her, die sie streng von der Gewalt trennt. Macht hat ein Politiker gerade nicht, wenn er im Sinne von Carl Schmitt als Souverän den Ausnahmezustand ausrufen kann, d.h. wenn er die Bürgerinnen durch die Androhung rechtloser Gewalt zum Gehorsam zwingen kann. Macht hat er vielmehr, wenn die Bürgerinnen freiwillig die Gesetze befolgen, genauer aus Einsicht darein, dass es bei diesen Gesetzen zumindest tendenziell gerecht zugeht, auch nicht um Einsicht in den Genialität von Führern, die sich im Sinne von Hegel bestenfalls historisch erläutern lässt, niemals aber in der jeweiligen aktuellen Situation. Genialität ob in der Kunst oder Politik ist immer die Ausrede dafür, dass man nicht genau sagen kann, warum etwas gelungen scheint. Oder es handelt sich um den Glauben von Untertanen, dass ihnen der Führer Reichtum und Sinn im Leben verschafft – für alle anderen ist das ein gefährlicher Glaube.

Damit entwickelt Arendt ein prinzipiell demokratisches, kein elitäres Politikverständnis, mögen sich auch nicht alle Bürger dementsprechend politisch verhalten. Jedenfalls kommt die Macht nicht aus den Gewehrläufen und legitimiert sich nicht durch Weisheit. Bürgerproteste können solche Weisheit sehr schnell verblassen lassen. Just damit entspricht dieses Verständnis von Politik dem philosophischen „Denken ohne Geländer". Auch in der Politik bewegt man sich ständig und um so mehr auf instabilem Grund, nicht allein weil die Gesetze den zerbrechlichen menschlichen Angelegenheiten häufig nicht genügend Halt zu verleihen vermögen, sondern weil auch die Macht letztlich von den Bürgerinnen abhängt, die sich nicht hinlänglich steuern und kontrollieren lassen. Der mediale Aufwand, der heute dazu betrieben wird, den schon Arendt kritisiert, zeugt von der Einsicht Sartres 1943, dass die Menschen frei und in der Lage sind, sich gegen jede Bevormundung aufzulehnen, auch gegen jeden Ausnahmezustand. Oder wie es de Beauvoir formuliert: „Für den Existentialismus hingegen gehen die Werte nicht vom unpersönlichen, universellen Menschen aus, sondern von der Vielzahl konkreter, einzelner Menschen, die sich aus Situationen heraus, deren Besonderheit ebenso vollkommen, ebenso unaufhebbar ist wie die Subjektivität, auf die von ihnen gesetzten Ziele hin entwerfen."[1]

2. Heideggers Einheit von Ontologie und Ethik

Das Verhältnis von Philosophie und Politik lässt sich also nicht nur jenseits der politischen Philosophie bestimmen. Ja umgekehrt, die politische Philosophie kann sich nicht mehr primär als Frage nach dem Guten und Gerechten konstituieren wie bei Leo Strauss, da sie damit zumindest den Voraussetzungen der Moderne nicht mehr entspricht. Zumindest die moderne politische Philosophie muss sich mit Rücksicht just auf diese philosophischen als auch politischen Hintergründe entwerfen, d.h. einerseits sich sprachphilosophisch zu orientieren und andererseits von der realen politischen Kommunikation auszugehen und nicht wie Strauss vom idealen Programm Platons. Und darauf wird auch Arendts Denken hinauslaufen, nämlich aus der Politik – man denke an ihre Stu-

---

[1] Simone de Beauvoir, Für eine Moral der Doppelsinnigkeit (1947); in: dies., Soll man de Sade verbrennen? Reinbek 1997, 86

dien über *Rahel Varnhagen* und den Totalitarismus –
und aus der Philosophie – *Vom Leben des Geistes* – eine
politische Philosophie zu generieren, die sich zunächst
politisch in *Vita activa* und später unvollendet philosophisch in ihren Bemerkungen zu Kants *Kritik der Urteilskraft* präsentiert. Wenn Arendt vermutet, dass Kant
seine politische Philosophie im Anschluss an die dritte
Kritik nicht mehr schreiben konnte, antizipiert sie damit
ihr eigenes Schicksal, war ihr das schließlich gleichfalls
nicht vergönnt, so dass die Aufgabe der Arendtianer eigentlich sein müsste, an diesem offenen Ausgang ihres
Denkens weiterzuarbeiten – vorausgesetzt man versteht
das „Denken ohne Geländer" nicht bloß als eine Individualität, die sich der Einordnung in Schulen entzieht, sondern als Einsicht in den philosophischen Stand der Dinge, wie er sich speziell in der postmodernen Philosophie
weiterschreibt.

Doch bevor man überhaupt sich dieser Aufgabe nä-
hern kann, geht es eben darum, das Verhältnis von Philosophie und Politik sowohl aus philosophischer als auch
politischer Perspektive genauer zu beschreiben. Dazu
stellt sich zunächst die Frage: Wie bezieht sich die Philosophie auf die Politik? Nun hat zwar Heidegger Philosophie und Denken voneinander zu trennen versucht, da
für ihn die Philosophie als Metaphysik angesichts der
wissenschaftlichen Entwicklungen ihre Bedeutung verloren hat und es folglich darauf ankommt, anders – also
nicht metaphysisch – zu denken. Das Denken steht für
Heidegger bisher im Dienst des Handelns, so dass er
einwenden kann: „vielleicht hat der bisherige Mensch seit
Jahrhunderten bereits zu viel gehandelt und zu wenig
gedacht."[1] Daher gelangt er zu der These: „Das Bedenk-

---

[1] Martin Heidegger, Was heißt Denken? (1951-52), 4. Aufl. Tübingen
1984, 2

lich in unserer bedenklichen Zeit ist, dass wir noch nicht denken."[1]

Doch hat sich das Wort Philosophie deswegen keineswegs aufgelöst. Ja, man darf mutmaßen, dass sie sogar wieder an Bedeutung gewonnen hat. Nachdem die Vernunft an Faszination einbüsste, man den Menschen nicht mehr ohne Vorbehalte als *animal rationale* bestimmen kann, begreift ihn Arendt ähnlich wie Heidegger als denkenden. So schreibt sie im ersten Teil ihres philosophischen Hauptwerkes *Vom Leben des Geistes* bezeichnenderweise über *Das Denken*: „Unsere Denkfähigkeit steht nicht zur Diskussion; wir sind das, was die Menschen immer gewesen sind – denkende Wesen."[2] Daraus lässt sich im Sinne Heideggers folgern, dass Yuval Harari nicht denkt, sondern dass da ein Algorithmus rechnet.

Denken ist für Arendt aber nicht nur der schlichte kognitive Akt, dass mir etwas bewusst ist, dass ich etwas denke, sondern dass ich über etwas nachdenke. Die Philosophie als wissenschaftliche Disziplin denkt ihre diversen Gegenstände, muss aber nicht unbedingt darüber nachdenken. Trotzdem ist das Kerngeschäft des Philosophierens über etwas nachzudenken. Denken verlangt nach Arendt dazu denn auch den Rückzug von der Welt, indem man von den konkret sinnlich gegebenen Dingen absieht. Wenn diese mich gar sinnlich bedrängen, kann ich sie höchstens denken, nicht aber über sie nachdenken. Wenn die Gegenstände, über die ich nachdenken will, aber nicht gegenwärtig sein dürfen, dann muss ich mich an sie erinnern, muss ich ihnen nach-denken, muss an sie denken, ihnen ein Andenken schenken.

Damit schließt Arendt weniger an Hegels *Eule der Minerva* an, die bekanntlich ihren Flug in der Abend-

---

[1] Ebd., 3

[2] Arendt, Vom Leben des Geistes (1973-75): Das Denken – Das Wollen, 2 Aufl. München 2002, 21

dämmerung beginnt, sich also an den vergangenen Tag erinnert. Denn damit möchte Hegel verdeutlichen, dass der Philosophie als Wissenschaft von der Wirklichkeit ein denkender Blick in die Zukunft verwehrt ist: „Als der *Gedanke* der Welt erscheint sie erst in der Zeit, nachdem die Wirklichkeit ihren Bildungsprozess vollendet und sich fertig gemacht hat. Dies, was der Begriff lehrt, zeigt notwendig ebenso die Geschichte, dass erst in der Reife der Wirklichkeit das Ideale dem Realen gegenüber erscheint und jenes sich dieselbe Welt, in ihrer Substanz erfasst, in Gestalt eines intellektuellen Reichs erbaut."[1]

Arendt denkt vielmehr Heideggers Schrift *Was heißt Denken?* aus den frühen fünfziger Jahren weiter. Auch Heidegger bestimmt das Denken als Erinnern, nämlich als Andenken, d.h. an das zu denkende denken. Er schreibt: „Ein Gedanke meint gewöhnlich: eine Idee, eine Vorstellung, eine Meinung, einen Einfall. Das anfängliche Wort der ‚Gedanc' sagt: das gesammelte, alles versammelnde Gedenken."[2] An was aber ist zu denken? Woran soll man sich erinnern? An das was in Vergessenheit geriet, weil weder Wissenschaft noch Philosophie mehr denken, die sich nämlich nur noch bestimmte Dinge vorstellen, sie also sich höchstens bewusst machen, eben bestimmte Dinge denken, nicht mehr über die Dinge nachdenken. Heidegger schreibt: „Der Gedanke, im Sinne des logisch-rational Vorgestellten gemeint, erweist sich gegenüber dem anfänglichen Gedanc als eine Verengung und Verarmung des Wortes, wie sie größer kaum vorgestellt werden kann. Zu dieser Verkümmerung des Wortes hat die Schulphilosophie ihren Teil beigetragen (. . .)."[3] Die Wissenschaften beschäftigen sich nur noch mit dem

---

[1] G.W.F. Hegel, Grundlinien der Philosophie des Rechts (1820), Theorie Werkausgabe Bd. 7, Frankfurt/M. 1970, 27

[2] Martin Heidegger, Was heißt Denken? (1951-52), 92

[3] Ebd.

Seienden, nicht mehr damit, was es überhaupt heißt, das etwas ist, also nicht mehr mit der Frage nach dem Sein des Seienden, nach dem Sinn von Sein, also wie und was man versteht, wenn man meint, die Welt zu verstehen, indem man sagt, dass etwas ist.

Heidegger gelangt dabei zu einem Zusammenhang, den Arendt letztlich weiter denken wird. Arendt bezieht sich auf den Satz des Parmenides: „Sein und Denken (. . .) ist dasselbe"[1], der ausdrückt, dass man das Sein, also die Ganzheit des Seienden denken muss, weil sich das Sein des Seienden nicht am einzelnen Gegenstand zeigt. Ja, gerade indem ich von den einzelnen Gegenständen absehe, gelingt es mir erst, Zusammenhänge herzustellen, über das Geschehen in der Welt nachzudenken, eben zu fragen, was es heißt, dass Seiendes ist, wie man versteht, was ist.

Heidegger greift in *Was heißt Denken?* auf einen anderen Satz des Parmenides zurück, nämlich: „Nötig ist zu sagen und zu denken, dass das Seiende ist"[2] Heidegger interpretiert diesen Satz dahingehend, dass das Seiende nach Parmenides vorliegen gelassen und in die Acht genommen werden soll. Damit verbindet Heidegger sowohl die Beachtung als auch die Achtung: „Das in Acht Genommene wird jedoch gerade so, wie es ist, belassen. Das In-die-Acht-nehmen macht sich an dem so Genommenen nicht zu schaffen. Das ‚In Acht nehmen' ist: in der Acht behalten."[3] Das Denken denkt das Seiende eben nicht als isolierten Gegenstand, sondern es denkt an und über ihn in seinen Zusammenhängen und Bedeutungen, verbindet sich für Heidegger im Denken somit die Ontologie mit der Ethik im Rückgriff auf das vorsokratische, also das

---

[1] Zit. Arendt Vom Leben des Geistes (1973-75): Das Denken – Das Wollen, 137

[2] Zit. Martin Heidegger, Was heißt Denken? (1951-52), 110

[3] Ebd., 124

philosophisch stiftende Denken. Ja, bei Parmenides zeigt sich eine originäre Einheit von beiden, die die Moderne weitgehend aufgelassen hat, wenn es in den Wissenschaften primär oder sogar nur um deren Wissen und Können geht, nicht aber darum, was dieses ethisch bedeutet.

Denken heißt insofern für Arendt vor allem die Zusammenhänge ausdenken, die sinnlich nicht vorliegen, die man also nicht einfach beobachten kann, die man aber beachten muss, will man das verstehen, was ist und geschieht bzw. sich beobachten lässt. Mit ihrem Anspruch zu verstehen, folgt sie einerseits unmittelbar der hermeneutischen Perspektive Heideggers. Doch diese reflexive Kraft des Denkens hat für Arendt zunächst keine praktische Relevanz, wie sie Heidegger im Anschluss an Parmenides unterstellt, wobei Heidegger Handeln nicht handlungstheoretisch versteht. Denken ist auch für Arendt kein gemeinschaftliches Geschäft. Denken weist nicht unmittelbar oder im weiteren Sinn an, was zu tun ist. In dieser Hinsicht präsentiert sich Arendts Denken um ein weiteres Mal als ein modernes.

3. Denken als Handeln: die Performanz

Doch nicht zuletzt am Beispiel von Heideggers Parmenides-Interpretation bestätigt sich, dass das Denken nach Hegel einen versöhnenden, Spaltungen und Zerrissenheiten überwindenden Charakter besitzt, den auch Arendt nachvollzieht. „Das Denken", bemerkt sie, „entsteht also aus der Desintegration der Wirklichkeit und der entsprechenden *Entzweiung* von Mensch und Welt, woraus sich das Bedürfnis nach einer anderen, harmonischeren und sinnvolleren Welt ergibt."[1] Doch das ist nur die eine Seite

---

[1] Arendt, Vom Leben des Geistes (1973-75): Das Denken – Das Wollen, 154

des Denkens, die den Spaltungen der Moderne widerstreitet, indem sie beispielsweise die Ethik wieder mit der Erkenntnis rückkoppelt – ein Prozess, den man in den letzten Jahren besonders in der Ökologie, der Medizin und der Landwirtschaft beobachten kann – ein Zusammenspiel, das sich allerdings als durchaus gefährlich für Menschenrechte und Demokratie erwiesen hat und dem man wahrscheinlich nur mit einer massiven Gewaltenteilung zu begegnen vermag.

Was so harmonisierend erscheint, entwickelt in der Auseinandersetzung mit der Welt aber auch weitere Konflikte. Wenn die Welt von Spaltungen und Gegensätzen geprägt ist, dann führt jede Bemühung, diese abzumildern zu neuen Konfrontationen. So stellt Arendt fest: „Es gibt keine gefährlichen Gedanken; das Denken selbst ist gefährlich, (. . .).“[1] Sokrates hat es erlitten. Platon bringt es im Höhlengleichnis auf den Begriff. Wer die Dinge in der Welt nur denkt, möchte nicht, dass seine Voraussetzungen wie die daraus entspringenden Beurteilungen und Folgerungen hinterfragt werden, will die Einseitigkeit seines Denkens nicht entlarvt sehen. Dogmen können sich vor dem Denken nicht schützen. Sie können sich nur mit einem Mantel aus stützenden Thesen verteidigen. Schwach besaitete Dogmatiker oder Gläubige verstecken sich regelmäßig hinter Hass und Aggression. So gewinnt das zunächst so unpraktisch und weltfremd erscheinende Denken eine eminent äußerliche Dimension, die ihm ein hohes Maß an Performanz verleiht.

Just diese performativ Perspektive ebnet dem Denken den Weg in die Politik bzw. bestimmt sein Verhältnis zur Politik und damit das der Philosophie, die sich nicht wie nach Husserl „als strenge Wissenschaft" versteht, auch nicht als kritisches Geschäft im Sinn von Marx, sondern

---

[1] Ebd., 176

als denkerisches, das über Heidegger hinaus und im Rückgriff auf Foucault sich genealogisch sowie daran anschließend archäologisch, konstruktiv und dekonstruktiv entwirft, um die nacharendtschen Wege der Philosophie bzw. des Denkens anzudeuten. Arendt selbst befindet sich im genealogisch destruktiven Horizont von Nietzsche und Heidegger, den sie indes bereits konstruktiv überschreitet.

Genauso wie das Denken religiöse Dogmen in Frage stellt, gibt es sich gemeinhin nicht mit den Verteidigungsstrategien politischer Ideologien zufrieden. Insofern gilt die folgende Bemerkung Arendts für beide gleichermaßen: „Das Denken ist gleich gefährlich für alle Glaubensbekenntnisse, und selber bringt es keinen neuen Glauben hervor."[1] Nicht nur dass die Religion ihre Rituale und Kategorien von der Politik übernahm. Dass Gott allmächtig, allwissend und allgütig sei, stellt keine originär religiöse Vorstellung dar. Woher soll diese auch stammen. Die polytheistischen Götterwelten kannten sie nicht. Der mosaische Gott, der das Volk Israel aus Ägypten führt – das bekräftigt Alfred North Whitehead –, erhält solche Eigenschaften, die sich mit den ägyptischen Pharaonen vergleichen lassen, konkurriert er schließlich selbst mit dem Pharao: „Aber die tiefergehende Idolatrie, Gott nach dem Bilde der ägyptischen, persischen und römischen Reichsherrscher zu gestalten, wurde beibehalten. Die Kirche wies Gott Attribute zu, die ausschließlich Cäsar angehörten."[2]

Nicht nur die politisch ethische Sprache generiert religiöse Vorstellungen, wie diese in die Politik eingehen. Die wirkungsmächtigste war wohl die Oikos-Lehre des Aris-

---

[1] Arendt, Vom Leben des Geistes (1973-75): Das Denken – Das Wollen, 176

[2] Alfred North Whitehead, Prozess und Realität - Entwurf einer Kosmologie (1927/28), 2. Aufl. Frankfurt/M. 1984, 612

toteles. So bemerkt Agamben: „Die Aristotelische Gleichsetzung von Monarchie und Ökonomie, die auch in der Stoa weit verbreitet war, gehört gewiss zu den Gründen, die die Kirchenväter bewusst oder weniger bewusst dazu bewogen haben, das trinitarische Paradigma nicht in politischen, sondern in ökonomischen Termini zu formulieren."[1] In der Trinität spielen Souveränität, Regierung und Verwaltung – Vater, Sohn, heiliger Geist bzw. die Engel – zusammen und erhalten nach Thomas von Aquin die Schöpfung, die somit einen originär, genauer aristotelisch ökonomischen Aufbau hat und die Christen damit für Agamben zu den ersten ökonomischen Menschen macht.

Die modernen politischen Ideologien übernehmen ihrerseits die Wahrheitsansprüche, die das Christentum in den religiösen Diskurs der ersten nachchristlichen Jahrhunderte einbringt. Davon ahnt Marx, wenn er das Interesse wissenschaftlich zu begründen versucht, um dadurch trotzdem in eine szientifische Ideologie abzuleiten. Entnimmt das frühe Christentum die Bestimmungen der Trinität der aristotelischen Ökonomie, so dass die *Gubernatio divinae providentiae* die Welt lenkt, so kehrt nach Giorgio Agamben diese trinitarische Vorstellung in Adam Smiths unsichtbarer Hand wieder, in der politischen Ökonomie von Marx oder heute im neoliberalen Glauben an die geheimnisvollen Kräfte des Marktes. So schreibt Agamben: „Indem die Moderne Gott aus der Welt verbannt hat, ist sie nicht nur nicht der Theologie entkommen, sondern hat gleichsam nichts anderes gemacht, als das Projekt providentiellen *oikonomia* zu vollenden."[2]

---

[1] Giorgio Agamben, Herrschaft und Herrlichkeit – Zur theologischen Genealogie von Ökonomie und Regierung (Homo sacer II.2) (2007), Frankfurt/M 2010, 61

[2] Ebd., 342

Arendt dagegen entzieht sich der Übermacht des ökonomischen Diskurses, dem sie im Anschluss an Heidegger das Denken, das Kommunizieren, das Erfinden von Neuem entgegenstellt. Kein Wunder also wenn die vorherrschende ökonomische Ideologie das Denken im Sinne Arendts als gefährlich erkennt und sich diesem verweigert. Denn dem Denken eignet weder ein notwendiger Bezug zum Interesse noch zu Glaubenskenntnissen aller Art, wiewohl diese Form des Denkens im Anschluss an Heidegger und Arendt selbstredend von jüdisch christlichen Diskursen genauso geprägt ist, wie von aufklärerisch liberalen. Wenn just dieses Denken für Glaubensbekenntnisse aller Art gefährlich ist, muss man sich daher um so weniger wundern, wenn anti-aufklärerische Sekten beispielsweise in Nigeria ein solches Denken mit Gewalt bekämpfen. Mit bloßen Dogmen haben sie in der Tat wenig Erfolg, sind sie diesem Denken performativ einfach unterlegen.

Aber nicht nur, dass das Denken für politische Ideologien im allgemeinen gefährlich ist, weil es ideologische Annahmen und Voraussetzungen als Illusionen enthüllt. Arendt erlebte am eigenen Leib, dass das Denken auch unmittelbar praktisch politische Auswirkungen entfaltet. Sie bemerkt: „Wenn jeder gedankenlos mitschwimmt in dem, was alle andern tun und glauben, dann stehen die Denkenden nicht mehr im Hintergrund, denn ihre Weigerung ist nicht zu übersehen und wird damit zu einer Art Handeln."[1] Just das könnte man auch für die Denkenden 2020 geltend machen, die sich von medizinischen Methoden und Prognosen nicht beeindrucken lassen.

So wird die Philosophie allein vermittels ihrer gedanklichen Kraft und nicht erst als politische Philosophie durch die Umstände selbst schon politisch. Sie muss die

---

[1] Arendt, Vom Leben des Geistes (1973-75): Das Denken – Das Wollen, 191

Frage der Gerechtigkeit überhaupt nicht aufwerfen. Sie muss nicht nach Marx oder dem politischen Katholizismus ein kritisches, d.h. bekennendes Bewusstsein entwickeln. Das Politische der Philosophie ergibt sich allein schon durch Nachdenken, wenn kaum mehr jemand denkt, wenn kaum mehr jemand nach Zusammenhängen fragt, nämlich Fragen stellt, die das hinterfragen, was ist, bzw. was alle für das Seiende halten und sich dem selbstverständlich fügen, sich ohne es zu merken dabei entmündigen lassen. In diesem Sinn entwickelt die Philosophie aus sich selbst heraus ein dekonstruktives Potential, das allerdings eher Distanz und Ironie, denn Betroffenheit bekundet, aus dem heraus sich nichtsdestotrotz die Philosophie als eine andere politische Philosophie generiert, für die Sein eben Fragen heißt und nicht eine vermeintliche Wahrheit oder ein dekretiertes Verhalten.

4. Politik als Mnemosyne des naturgemäßen Lebens

Wenn die Philosophie als Philosophie ohne ihr Zutun politisch zu werden vermag – und das sogar im doppelten Sinne –, stellt sich die umgekehrte Frage, ob die Politik als Politik, also ohne dass sie immer schon mit der kritischen politisch philosophischen Fragestellung konfrontiert wird, eine philosophische Perspektive entwickelt. Weist eine solche Politikbetrachtung ins Denken?

Politik als Politik zu betrachten, kann natürlich nicht beim Politik-Verständnis von Politikern – z.B. der FDP – oder der Bevölkerung ansetzen, erweist sich deren Verständnis als immer schon vorgeprägt. So bleibt gar nichts anderes als nach den Strukturen zu fragen: Zunächst – hier folgt Arendt der antiken griechischen Philosophie – entsteht die Politik, weil der Mensch ein sprachbegabtes Wesen ist, was ihn nämlich erstens zu einem bedachten Zusammenleben befähigt, weil es zweitens ihm ermöglicht, die Frage der Gerechtigkeit zu stellen. Geht für Leo Strauss die Philosophie der politischen Philosophie voraus, da die Philosophie zunächst die Frage nach der Natur stellt, nämlich nach dem Natürlichen und Unnatürlichen, so zeichnet sich in dieser Strauss-Interpretation bereits die Kontur der Polis und zwar als die Frage ab, was denn natürlich ist. Für Arendt geht die Polis der Philosophie nicht nur historisch voraus. Denn das menschliche Zusammenleben erhält durch die Gründung der Polis eine gewisse Stabilität, sowohl nach Außen als Schutz vor Gewalt als auch nach innen als gerechte, d.h. natürliche Regelung der zwischenmenschlichen Beziehungen – ‚natürlich' wieder im Sinn von Strauss, wenn er schreibt: „Das gute Leben ist die Vollendung der Natur des Menschen. Es ist das naturgemäße Leben. Man darf daher die den allgemeinen Charakter des guten Lebens umschreibenden Regeln als 'Naturgesetz' bezeichnen. Das naturgemäße Leben ist das Leben menschlicher Vortrefflichkeit oder Tugend, (. . .)."[1]

Die Polis schaffte einen Rahmen, in dem die zwischenmenschlichen Angelegenheiten öffentlich diskutiert werden konnten, so dass zwar die Frage, was denn jeweils gerecht sei, gestellt wurde, aber noch keine philosophische Frage der Gerechtigkeit im Allgemeinen. So schreibt Arendt in *Vita activa*: „Die Polis war die Antwort auf Erfahrungen, die vor ihrer Entstehung gemacht worden waren, und sie beruhte von Anfang bis Ende auf der Grundüberzeugung, dass menschliches Zusammenleben nur darum und in dem Maße sinnvoll ist, als es in einem ‚Teilnehmen und Mitteilen von Worten und Taten' besteht."[2] – Was die Verbreitung von Mobiltelefonen und

---

[1] Leo Strauss, Naturrecht und Geschichte (1953), Frankfurt/M. 1977, 131

[2] Arendt, Vita activa oder Vom tätigen Leben (1958), 11. Aufl. München, Zürich 1999, 189

der Erfolg von *Face-Book* bestätigen. Insofern geht die Politik der Philosophie voraus. Oder wie es Hegel ausdrückt: „Wenn die Philosophie ihr Grau in Grau malt, dann ist eine Gestalt des Lebens alt geworden, und mit Grau in Grau lässt sie sich nicht verjüngen, sondern nur erkennen; (. . .)."[1]

Die Polis schafft Raum und bietet Formen, um öffentlich mit den zwischenmenschlichen Problemen umzugehen. Dabei grenzt Arendt das politische Handeln gegen die politiktheoretische Tradition von einer zielgerichteten politischen Tätigkeit ab, der es um das Erlassen von Gesetzen, um die Schaffung von Institutionen oder auch nur um das Ausführen von Vorgaben, also um das Verwalten geht. Politisches Handeln heißt dagegen für die antiken Griechen, sich selbst zu enthüllen, weil man sich in die Öffentlichkeit begibt und an dem, was da stattfindet teilnimmt. Dabei wird man von den anderen Menschen, vom Publikum beobachtet. So schreibt Arendt: „Der Zuschauer und nicht der Akteur hält den Schlüssel zum Sinn der menschlichen Angelegenheiten in der Hand."[2] Durch dieses öffentliche miteinander Leben entsteht für Arendt die Politik, die nicht nur durch Gesetze Regelungen trifft oder Mauern baut, sondern die einen gemeinschaftlichen Geist der Polis, daraus folgend ein gemeinsames Wesen als das Gemeinwesen begründet.

Das Gemeinwesen, die Polis generiert sich dabei aus der Erinnerung heraus, die die Polis ihrerseits gewährleisten soll. Der Gründungsmythos der Polis, der vom König Ödipus, endet damit, dass Ödipus grablos entschwindet, damit die Erinnerung an die innerfamiliären, also mafiösen Gründungsverbrechen keinen Ort hat, so dass diese in Vergessenheit geraten. Die Dichter haben

---

[1] Hegel, Grundlinien der Philosophie des Rechts (1820), 27

[2] Arendt, Vom Leben des Geistes (1973-75): Das Denken – Das Wollen, 101

dem jedoch einen Strich durch die Rechnung gemacht. Weil die Dichter denn auch ein gespaltenes Verhältnis zu den Bedürfnissen der Polis haben, versucht die Polis sich von der Dichtung zu befreien. In Platons *Politeia* kontrolliert die Polis die Dichtung. So lässt er Sokrates erklären: „Müssen wir also die Dichter allein in Aufsicht halten und sie nötigen, dieser guten Gesinnung Bild ihren Dichtungen einzubilden oder überhaupt bei uns nicht zu dichten? (. . .) solche Künstler müssen wir suchen, welche eine glückliche Gabe besitzen, der Natur des Schönen und Anständigen überall nachzuspüren, damit unsere Jünglinge, wie in einer gesunden Gegend wohnend, von allen Seiten gefördert werden, (. . .).“[1] So avanciert für Arendt die Polis zum Ort des Andenkens, d.h. der permanenten Gegenwärtigkeit vergangener Handlungen. Politik entsteht als Politik aus ihrer eigenen Tradition heraus, aus der Erinnerung an Politik. Wenn dann für Heidegger Denken überhaupt primär Andenken, Mnemosyne ist, ebnet die Polis der Philosophie den Weg, entfaltet die Politik einen originär philosophischen Impetus, bei dem Denken mehr als etwas denken heißt, nämlich nachdenken bzw. Erinnerung, die die Polis auf den Weg bringt.

Damit setzt politisches Handeln nicht bloß etwas in die Tat um, stellt nicht bloß etwas Konkretes her, sondern konstituiert sich im miteinander Sprechen. Denn dabei wird nicht nur die Erinnerung festgehalten, sondern dadurch werden auch die Polis und damit die menschlichen Angelegenheiten stabilisiert. Aber das ist an politische Bedingungen geknüpft. Unter tyrannischen Bedingungen gelingt das gemeinhin nicht, sondern nur dort, wo im Dienst der Polis, also des Gemeinwesens, Politik gemacht wird, nämlich nach Arendt dort „wo Worte nicht leer und Taten nicht gewalttätig stumm sind, wo Worte

---

[1] Platon, Politeia, Werke Bd. 3, Hamburg 1958, 133, 401 b

nicht missbraucht werden, um Absichten zu verschleiern, sondern gesprochen sind, um Wirklichkeiten zu enthüllen, und wo Taten nicht missbraucht werden , um zu vergewaltigen und zu zerstören, sondern um neue Bezüge zu etablieren und zu festigen, und damit neue Realitäten zu schaffen."[1] Also findet Politik dort statt, wo Worte verbinden und nicht fesseln. Politisches Handeln stellt somit für Arendt in erster Linie Kommunikation dar.

Während der Amerikanischen Revolution – so Arendt, die hierbei John Adams folgt – ging es den Volksvertretern in diversen Zusammenkünften nicht nur darum, ihre Interessen zu vertreten, sondern um die politische Debatte selbst, um Beratung als auch um Beschlussfassung. Das machte den Beteiligten Freude. Das schuf Gemeinsinn. So geht es dem politischen Handeln gerade nicht darum, bestimmte Resultate zu erzielen. Sein Zweck liegt im Vollzug selbst, in der Herstellung dieses gemeinsamen Sinnes.

Das Modell des politischen Handelns als Kommunikation in der Öffentlichkeit, das Arendt aus der Athener Polis zu Zeiten des Perikles ableitet, stellt also gerade keine romantische Idee und Antikennostalgie dar, sondern findet in der Moderne ihr Pendant. So sympathisiert Arendt mit den Rätebewegungen, die in wenigen Augenblicken der neueren Geschichte für kurze Zeit auftraten. Sie schreibt: „Denn das Hauptmerkmal der Räte war, wie <Oskar> Anweiler sehr richtig hervorhebt, ‚das Streben nach einer möglichst unmittelbaren, weitgehenden und unbeschränkten Teilnahme des Einzelnen am öffentlichen Leben'. Der große Enthusiasmus für das Rätesystem lässt sich in der Tat nur dadurch erklären, dass ‚jeder Einzelne sich hier mithandelnd findet und seinen Beitrag in den Ergebnissen des Tages gleichsam vor Augen

---

[1] Arendt, Vom Leben des Geistes (1973-75): Das Denken – Das Wollen, 194

sieht'."[1] In einem Rätesystem kann jeder von seiner Freiheit Gebrauch machen, weil dabei ein öffentlicher Raum entsteht, der von der gemeinsamen Kommunikation der Bürgerinnen getragen wird. Das hält Arendt für die eigentliche *constitutio libertatis* als Endzweck der Revolution, der auf die Republik abzielt, die aus der Revolution hervorgeht.

Nun erscheint ein Politikverständnis als Kommunikation bereits als eine politisch philosophische Aufbereitung, Aber es kann sich konkreter demokratischer Ereignisse rückversichern und nicht nur in der Athener Demokratie, der Amerikanischen Revolution, bei der Pariser Commune oder den Matrosen von Kronstadt. Das lässt sich auch in eine konkrete partizipatorische Praxis übersetzen, wenn man Demokratie primär als politische Partizipation, Einflussnahme oder Anteilhabe und nicht nur als eine verbreiterte Legitimierung von Herrschaftsverhältnissen versteht – ein Demokratie- und Politikverständnis, dass sich jenseits philosophischer Beseelung gerade in den Aufständen in Arabien 2011 oder den Protestbewegungen von *Attac* über *Occupy* bis zu *Fridays for Future* wiederspiegelt, wiewohl die Revolutionäre zumeist – und wie man immer wieder sieht – von der Revolution gefressen werden. Also, ein bestimmtes Verständnis von Politik, das die Philosophie zunächst gar nicht braucht, weist indes auf einem zweiten Weg in die Philosophie: Sie wird gebraucht um die politischen Ereignisse zu verstehen, beispielsweise als *Involution*, also als die Bemühung von Bürgerinnen, sich dort an der Politik zu beteiligen, wo sie sich als ausgeschlossen erleben, wo sie sich als nicht involviert erleben.

Kommunikation ist im 20. Jahrhundert ein spezifisch philosophischer Begriff geworden, den Arendt zunächst

---

[1] Arendt, Über die Revolution, München 1963, 338

von ihrem Lehrer Karl Jaspers übernimmt und der ihn seinerseits in die Politik überträgt. Jaspers geht nicht nur wie Nietzsche davon aus, dass es keine sicheren Gewissheiten in der Erfahrungswelt gibt. Mehr noch, jede Form von Wahrheit entwickelt sich nur in der Auseinandersetzung der Menschen miteinander. Insofern verdankt sich Vernunft dem Gespräch. So schreibt er: „Aber Wahrheit ist in der Tat in niemandes Besitz als endgültige und absolute. Wahrheit suchen, das heißt immer, zur Kommunikation bereit sein, Kommunikation auch von anderen erwarten."[1]

Gehört die Kommunikation zur Wahrheit, dann wird damit auch die Freiheit der Menschen verlangt; denn Kommunikation kann Wahrheit nur überprüfen, wenn die Beteiligten nach eigenem Gutdünken, d.h. mündig handeln können – wenn ‚Worte verbinden und nicht fesseln'. Freiheit heißt daher nicht die blinde Willkür des Einzelnen, wonach ihm gerade gelüstet, auch verfolgen oder äußern zu dürfen. Jaspers bemerkt: „Freiheit verwirklicht sich in Gemeinschaft. Ich kann nur frei sein in dem Maße wie die Anderen frei sind. Zugunsten gegründeter Einsicht schmilzt die bloße Meinung ein im liebenden Kampf zwischen den Nächsten."[2] Ob sich die Beteiligten lieben müssen, das lasse ich mal dahingestellt sein. Aber Freiheit beruht auf Vernunft und Einsicht, die wiederum nur in Kommunikation entspringen. Diese philosophische Freiheit braucht die politische; denn nur dann kann sich die Kommunikation frei entfalten, wenn die Menschen nicht ständig in der Furcht leben, dass sie das, was sie sagen oder tun, ins Gefängnis bringen oder zumindest mit Strafen belegt werden könnte – z.B. im Ausnahmezustand, wenn das demokratisch nicht mehr legi-

---

[1] Karl Jaspers, Vom Ursprung und Ziel der Geschichte, München 1949, 199
[2] Ebd., 196

timierte Regime den nicht mehr mündigen Bürgerinnen vorschreibt, wie sie zu demonstrieren haben, ihnen also ein fundamentales Grundrecht verweigert.

In einer vergleichbaren Situation, die natürlich von erheblich längerer Dauer war – wollen wir das mal hoffen – entstanden die Salons des 18. und frühen 19. Jahrhunderts, z.B. der Salon von Baron d'Holbach, in dem Rousseau, Hume, Diderot zu Gast waren und in dem man keinem religiösen Glauben huldigen musste, also böse sein durfte, genauer für die Lüste und die Leidenschaften eintreten, die von der vernünftigen wie moralischen Aufklärung auch mit Unterstützung durch die Medizin bekämpft wurden und zwar erfolgreich, wie es Philipp Blom umschreibt: „Diderot und Holbach scheinen die Schlacht um die Nachwelt verloren zu haben, aber der Krieg, in dem sie kämpften, tobt noch immer, ein Krieg um die Träume unserer Zivilisation, die so viel großzügiger, luzider und humaner sein könnte, als sie es heute ist."[1] Wie dramatisch haben sich diese Worte aktualisiert!

5. Kommunikation zwischen Vernunft und Glauben

Nach Jürgen Habermas akzeptiert die Kommunikation des Salons nur das gute Argument, während man sich durch Gewaltanwendung desavouiert. Dabei geht es primär nicht darum, dass jeder seine Meinung äußern darf, sondern darum, dass jede geäußerte Meinung sich der öffentlichen Kritik aussetzt. Derart verdankt sich die öffentliche Meinung nicht einer beliebigen Mischung, einem pluralen Durcheinander, sondern einer öffentlichen vernünftigen Prüfung ihres Wahrheitsgehaltes oder ihrer Richtigkeit. Habermas schreibt: „Gleichzeitig bean-

---

[1] Philipp Blom, Böse Philosophen – Ein Salon in Paris und das vergessene Erbe der Aufklärung, München 2011, 25

sprucht, was unter solchen Bedingungen aus dem öffentlichen Räsonnement resultiert, Vernünftigkeit; ihrer Idee nach verlangt eine aus der Kraft des besseren Arguments geborene öffentliche Meinung jene moralisch prätentiöse Rationalität, die das Rechte und das Richtige in einem zu treffen sucht. Die öffentliche Meinung soll der ‚Natur der Sache‘ entsprechen."[1] Eine derartige rationale Kommunikation stützt sich dann auf die Logik, auf das abgewogene Urteil und den Konsens darüber, eben auf die zwanglose Kraft des besseren Arguments.

Über einen etwas anders gearteten Salon, jenes der Rahel Varnhagen, bei dem es stärker um die Überwindung von Standesunterschieden und Rassendiskriminierung geht, also im Grunde über einen Salon, in dem die nicht nur rationale Kommunikation politisch wird, schreibt Arendt just in der Zeit des Nationalsozialismus: „Die Berliner Ausnahmejuden in ihrer Jagd nach Bildung und Reichtum haben drei Jahrzehnte lang Glück gehabt. Der jüdische Salon, das immer wieder erträumte Idyll einer gemischten Geselligkeit war das Produkt der zufälligen Konstellation in einer gesellschaftlichen Übergangsepoche."[2] Man könnte diesen Salon mit dem rot-grünen Projekt vergleichen, soziale Gerechtigkeit, Ökologie und Menschenrechte in Einklang zu bringen, ein Projekt, das durch die damit gleichzeitig einhergehende Medizinisierung, sei sie sozial oder ökologisch motiviert, die die Menschenrechte mindestens hintanstellt – man denke an die rot-grüne Flüchtlingspolitik, der jene damalige Kanzlerin Merkel das Sahnehäubchen wegschnappte – mehr als gefährdet erscheint.

---

[1] Jürgen Habermas, Strukturwandel der Öffentlichkeit – Untersuchungen zu einer Kategorie der bürgerlichen Gesellschaft (1962), 8. Aufl., Neuwied/Berlin 1976, 73

[2] Arendt, Rahel Varnhagen – Lebensgeschichte einer deutschen Jüdin aus der Romantik (1958), 12. Aufl. München 2003, 71

Jaspers ist sich anders als Habermas und Arendt darüber im Klaren, dass es sich bei der These, dass der Mensch ein kommunikatives Wesen ist, dass dieser in der Zwischenmenschlichkeit wie in der Politik Kommunikation braucht, nur um Annahmen handelt, die in der Epoche des Faschismus nicht viel weniger als heute von der Wirklichkeit bestätigt werden. Die Realität wie die Wirkung der Kommunikation – hier ist Jaspers beinahe skeptischer als Arendt, allemal als Habermas – ist keineswegs gesichert. Im Totalitarismus werden auch nach Arendt die Unterschiede zwischen den Menschen so eingeebnet, dass Kommunikation, die sich just dieser Unterschiede verdankt, gar nicht mehr stattfindet, weil es eben keine Distanzen zwischen den Menschen mehr zu überwinden, also niemanden mehr durch Worte zu verbinden gibt. Kommunikation wird stattdessen durch den Terror und den blinden Gehorsam ersetzt.

In gewisser Hinsicht aber denkt Arendt bei der Kommunikation anthropologischer als Jaspers. Er berücksichtigt stärker, dass Kommunikation gerade unter politischen Bedingungen in der Öffentlichkeit äußerst gefährdet ist. Doch seine Antwort auf diese Unsicherheit setzt auf eine religiöse Versicherung: „Vernunft fordert grenzenlose *Kommunikation*, sie ist selbst der totale Kommunikationswille. Weil wir in der Zeit die Wahrheit als die eine ewige Wahrheit nicht im objektiven Besitz haben können, und weil das Dasein nur mit anderem Dasein möglich ist, Existenz nur mit anderer Existenz zu sich selbst kommt, so ist Kommunikation die Gestalt des Offenbarwerdens der Wahrheit in der Zeit."[1] Mag die junge Demokratie der frühen Bundesrepublik diese religiöse Hoffnung gut brauchen können, nachdem die Weimarer Republik unter einem dramatischen Mangel an Demokra-

---

[1] Karl Jaspers, Der philosophische Glaube (1948), München 1954, 38

ten litt, als der Glaube an eine starke, autoritäre politische Führung noch erheblich verbreiteter war. Jaspers und Arendt suchen einen Ausweg aus dem ideologischen Zeitalter, in dem die politischen Ideologien behaupten, ähnlich wie Platon die Wahrheit zu kennen und daraus auch ableiten zu können, was daher politisch zu tun sei – eine These, der Leo Strauss zumindest nicht völlig fern steht, bemerkt er doch: „Die Frage: Gefährlichkeit oder Ungefährlichkeit des Menschen? taucht also auf angesichts der Frage: ob die Regierung von Menschen über Menschen notwendig oder überflüssig ist, bzw. sein wird. Demnach bedeutet Gefährlichkeit: *Herrschaftsbedürftigkeit*."[1] Aus der Unsicherheit zieht Jaspers eine religiöse Konsequenz, Strauss etwas verklausuliert auch, denn womit kann man die Elite Platons anders begründen als durch die religiöse Erleuchtung. Nun gut, Platon selbst versuchte es dialogisch und landete am Ende in Gleichnissen, ein Verfahren, auf das dann Jesus von Nazareth zurückgreifen wird.

Arendt setzt die Kommunikation als anthropologische Struktur oder existentielle Bedingung der Politik voraus, indem sie eben die Unterschiede der Menschen betont, die in der Polis leben und daher miteinander öffentlich kommunizieren müssen. Dafür bleibt sie skeptischer als Jaspers nicht hinsichtlich der Anlagen, sondern im Hinblick auf die Wirkungen der Kommunikation. Jaspers verbindet den religiösen Glauben mit der Philosophie, genauer mit der Vernunft, die auf das Umgreifende abzielt, das man entweder mit dem Begriff der Ganzheit oder auch mit der göttlichen Gnade umschreiben kann. Vernunft will die Gemeinsamkeit zwischen den Men-

---

[1] Leo Strauss, Anmerkungen zu Carl Schmitt, Der Begriff des Politischen (1932), Gesammelte Schriften Bd. 3 - Hobbes' politische Wissenschaft und zugehörige Schriften - Briefe, Stuttgart, Weimar 2001, 230

schen herstellen, allerdings weniger essentialistisch, wie es sich Leo Strauss vorstellt, wenn er schreibt: „Verzichtet der Mensch auf <die Frage nach dem Richtigen>, so verzichtet er darauf, ein Mensch zu sein. Stellt er aber die Frage nach dem Richtigen im Ernst, so entbrennt angesichts ‚der unentwirrbaren Problematik' (. . .) dieser Frage der Streit, der Streit auf Leben und Tod."[1] Strauss will ja nicht modern sein, sondern versteht sein Denken als platonisch.

Jaspers ist zweifellos moderner, nämlich formaler. Nach Strauss schafft die Vernunft Gerechtigkeit, was ihr leichter fällt, wenn sie sich dabei der Religion rückzuversichern vermag: „Führt man die natürliche Ordnung auf die Götter zurück, dann tritt der Zwangscharakter der Gesetze in den Hintergrund. (. . .) Das Gesetz erhält höhere Würde, wenn das Universum göttlichen Ursprungs ist."[2] Nach Jaspers führt die Vernunft zur Kommunikation und fördert damit das politische Zusammenleben der Menschen. Da aber die Auswirkungen der Kommunikation nicht sicher prognostizierbar sind, bleibt nichts anderes als der philosophische Glaube an diese Kommunikation.

Auf den Glauben verzichtet Arendt. Dessen Hilfe erscheint doch fragwürdig. Dass aber die Vernunft selbst aus sich heraus wie für Habermas politisch kommunikativ und verbindend wirkt, das erscheint ihr auch eher unrealistisch. Die Gewissheit, die sich die Vernunft bei Strauss aus der Tradition holt, bezieht Habermas aus der Überzeugungskraft der Vernunft selbst, d.h. aus ihrem kommunikativen Charakter. Für Habermas entfaltet sich im kommunikativen Gehalt der Vernunft eine solidari-

---

[1] Strauss, Anmerkungen zu Carl Schmitt, Der Begriff des Politischen (1932), 235

[2] Strauss, Über Tyrannis – Eine Interpretation von Xenophons ‚Hieron' (1948), Neuwied, Berlin 1963, 144

sche, soziale Praxis. Denn die formale Struktur der Sprache bzw. der Kommunikation überragt und verbindet verschiedene Weltanschauungen. So schreibt Habermas in der *Theorie des kommunikativen Handelns* 1981 die programmatischen Worte auf: „Gerade auf der formalen Ebene der argumentativen Einlösung von Geltungsansprüchen ist die Einheit der Rationalität in der Mannigfaltigkeit der eigensinnig rationalisierten Wertsphären gesichert. (. . .) Argumente oder Gründe haben mindestens dies gemeinsam, dass sie, und nur sie, unter den kommunikativen Voraussetzungen einer kooperativen Prüfung hypothetischer Geltungsansprüche die Kraft rationaler Motivation entfalten können."[1]

Argumente sollen und können überzeugen, und zwar gewaltfrei, aber nur unter Bedingungen kooperativer Kommunikation, wenn sich Menschen intersubjektiv verständigen und sich gegenseitig anerkennen, also bestimmte gemeinsame Standards akzeptieren, die Verständigung ermöglichen. Jedenfalls realisiert sich derart ein Verständigungsprozess, der auf Konsens abzielt. Daraus zieht die Demokratie ihre rationalen Grundlagen, die das soziale Zusammenleben absichern sollen: „Die öffentliche Wirkung philosophischen Denkens bedarf in besonderem Maße des institutionellen Schutzes der Gedanken- und Kommunikationsfreiheit, während umgekehrt ein stets gefährdeter demokratischer Diskurs auch von der Wachsamkeit und Intervention dieses öffentlichen Hüters der Rationalität abhängt."[2]

Ähnlich wie Habermas setzt Arendt die Kommunikation als Struktur sowohl von politischen als auch von philosophischen Diskursen voraus. Doch wo Jaspers glaubt und Habermas rational folgert, dort sieht Arendt

---

[1] Habermas, Theorie des kommunikativen Handelns, Bd. 1, Frankfurt/Main 1981, 339
[2] Habermas, Wahrheit und Rechtfertigung, Frankfurt/M. 1999, 331

keine erwartbaren oder gar sicheren politischen Perspektiven. Die ihrige bleibt noch moderner als die von Habermas, nämlich noch formaler, da sie aus der kommunikativen Struktur keine notwendigen politisch ethischen bzw. humanen Folgen ziehen mag. Ob Demokratie gelingt, ob Politik wirklich verbindende Effekte nach sich zieht, das bleibt für Arendt eine offene Frage. Politik als öffentliche Kommunikation über die Probleme des Gemeinwesens konstituiert dieses und unter bestimmten Umständen entsteht daraus auch eine demokratische Perspektive. Konsens und Dissens gehören dazu, lässt sich letzterer durch keine Verfahren ausschließen, auch nicht durch die Vernunft.

Trotzdem weist auch hier die Politik als Kommunikation in die Philosophie, sei es, weil die Politik einen philosophischen Glauben braucht, um sich begründet als Kommunikation zu verstehen. Oder sie benötigt einen Glauben an die Vernunft, wie ihn bereits Kant konzipiert, an den Habermas anschließt, damit Kommunikation wirklich zu humaneren Verhältnissen führt. Oder Politik muss entweder dem Menschen ein kommunikatives Wesen unterstellen, so dass Politik als Kommunikation ihm angemessen erscheint. Oder zumindest bedarf der Mensch der Kommunikation und damit der Politik. Jedenfalls, wenn Politik sich selber als Politik verstehen will, wenn sie sich über sich selbst bewusst werden will, dann muss sie auf die philosophische Reflexion zurückgreifen, wiewohl nicht unbedingt auf die politische Philosophie – der platonische Grundzug der Politik.

6. Politik als kontingenter Prozess

So weist das Verständnis von Politik als öffentliche Kommunikation in die Philosophie. Arendt setzt dabei weder einen Glauben noch eine kommunikative Struktur der Sprache voraus. Politik entsteht vielmehr vor dem Hintergrund der Verschiedenheit der Menschen, beruht auf einer pluralen Struktur. Schon allein deshalb – aber auch aufgrund der diversen Belange, in die die Politik hineinreicht – braucht diese ein gewisses Maß an Reflexion und aufgeklärtem Wissen, will die Politik nicht in ideologische bzw. dogmatische Fahrwässer geraten.

Das ist umso nötiger, wenn die Wahrheit nicht mehr gesichert werden kann, wenn es keine Methoden gibt, die mit Gewissheit die Welt humaner gestalten. Dann fehlt es philosophisch an Notwendigkeiten, an definitiven wahren Einsichten und an höchsten gemeinsamen ethischen Werten. Dann gerät die Philosophie in die Kontingenz einer Welt, die man nicht vorausberechnen kann, beinahe dorthin, wo die Politik immer schon stattfindet, in die Unsicherheit der politischen und sozialen Realitäten.

Während die Philosophie der Politik jenseits der politischen Philosophie mit deren Frage der Gerechtigkeit ihr Reflexionspotential anbietet, das die Politik nicht immer gebrauchen kann, muss die Philosophie von der Politik lernen, mit dem Zufall zu leben und die sinnlosen Versuche endlich aufgeben, den Zufall durch Notwendigkeiten zu bannen, also nach Gesetzen der Politik und der Geschichte zu suchen – einen Job, den heute eher die Neuro-Wissenschaften übernommen haben, denke man an die Experimente des Benjamin Libet, nach denen die Bewegung des Arms dem Befehl im Kopf vorausgeht. Denn wer die Kontingenz bestreitet, der lässt der Freiheit keinen Raum, und zwar der politischen Freiheit, die ja auch viele gerne einschränken würden, damit Demokratie, Partizipation sowie die Wahl der Lebensformen.

Arendt beruft sich dabei auf einen frühen Kronzeugen der Kontingenz wie der Freiheit, nämlich auf Johannes Duns Scotus, der um 1300 darauf insistiert, dass die Welt keiner Notwendigkeit unterliegt, sondern von Kontingenzen geprägt ist. Das ist umso erstaunlicher, weil gerade die Trinitätslehre ja eine göttlich gelenkte Ordnung unterstellt. „Das theologische Paradigma der Unterscheidung von Herrschaft und Regierung", so Agamben, „besteht in der Gliederung des göttlichen Wirkens in Schöpfung (*creatio*) und Erhaltung (*conservatio*). ‚Es ist zu bedenken', schreibt Thomas in seinem Kommentar zum *Liber de causis*, ‚dass das Wirken der ersten Ursache ein doppeltes ist: eines, gemäß dem sie die Dinge einrichtet und Schöpfung heißt, und ein zweites, gemäß dem sie die schon eingerichteten Dinge regiert (. . .)'."[1] Duns Scotus widerspricht Thomas, wenn er individuelle Freiheit, Moralität und Politik auf die Kontingenz gründet, die keinen Seelenfrieden mehr zulässt, ihn auch in der Zukunft nicht erreichen wird, so dass eine göttlich gelenkte Ordnung in Frage steht. Alle modernen Wissenschaften und Philosophien, der Nationalismus, Liberalismus, Marxismus wie die Ökologie, sitzen einer trinitarischen Illusion auf, dass Natur und Universum nämlich eine feste vorgegebene Struktur besitzen. Ohne das trinitarische Modell wären solche Vorstellungen völlig absurd.

So sieht sich die Politik, die in der säkularen Welt operiert, immer unsicheren Handlungsoptionen gegenüber, jedenfalls wenn man wie Machiavelli an eine göttliche Weltenlenkung nicht mehr glauben mag. Er schreibt 1513: „Es glaube keine Regierung, sie könne nur ganz sichere Beschlüsse fassen, du musst vielmehr immer da-

---

[1] Agamben, Herrschaft und Herrlichkeit (2007), Frankfurt/M 2010, 115

mit rechnen, dass du unsichere Dinge vor dir hast."[1] Im 19. Jahrhundert hofften viele, über Politik und Gesellschaft ein wissenschaftliches Gesetzeswissen zu eruieren. Von Nietzsche zu Arendt führt die Linie, dass man ‚ohne Geländer' denken muss, ohne trinitarische Ökonomie.

Arendt reflektiert diese Sachlage philosophisch mit ihrer an Augustin angelehnten These des Menschen, dessen Kennzeichen weniger die Sterblichkeit als vielmehr die Gebürtlichkeit ist. Nicht nur dass daher jeder Mensch einen neuen Anfang markiert. Seine Fähigkeit zu handeln wie zu denken, letztlich sein Wille verleihen jedem Menschen das Vermögen, selber auch wirklich etwas anderes, etwas besonderes anzufangen. Derart gibt es keine Notwendigkeit des Handelns. Der Mensch, der etwas Neues anfangen kann, kann das auch unterlassen. Das ist die Pointe der Kontingenz, auf die sich auch Duns Scotus bezieht.

Genau darin liegt aber der Übergang von der philosophischen zur politischen Freiheit bzw. von der Philosophie zur Politik. Wer politisch in die Welt eingreift, begibt sich auf unsicheres Terrain, wird auf die Umsetzung mancher Idee auch verzichten. Aber andere wird er realisieren. Politik findet immer auf unsicherem, kontingenten Terrain statt. Die Philosophie suchte Jahrtausende lang dagegen die Notwendigkeiten und Gesetzmäßigkeiten – vor dem Hintergrund der trinitarischen Ökonomie, was somit wie das apokalyptische Denken auf einem religiösen Fundament aufruht. Das wird später nach Arendt vor allem der Liberale Richard Rorty auf den treffenden Begriff bringen: „Nicht irgendwelche großen, notwendigen Wahrheiten über die menschliche Natur und ihre Beziehung zu Wahrheit und Gerechtigkeit werden darüber bestimmen, welcher Art unsere zukünftigen Führer

---

[1] Niccolò Machiavelli, Der Fürst (1513 / 1532), Wiesbaden 1980, 87

sind, sondern allein eine Menge kleiner kontingenter Tatsachen."[1]

So wird die Freiheit philosophisch seit Kant primär moralisch verstanden: die Vernunft bestimmt den Willen, dann ist dieser frei. Dabei kommt es jedoch nicht auf das Handeln selbst, sondern allein auf die Willensbestimmung an. Wie schreibt doch Kant 1785 in der *Grundlegung zur Metaphysik der Sitten*: „Es ist überall nichts in der Welt, ja überhaupt auch außer derselben zu denken möglich, was ohne Einschränkung für gut könnte gehalten werden, als allein ein guter Wille."[2] Ob etwas als Mord oder als Totschlag bezeichnet wird, hängt vom Motiv ab, allein von der Handlung indes nicht.

Dagegen greift Arendt bei ihrer Bestimmung der politischen Freiheit auf Montesquieu zurück. Die bloße Gedankenfreiheit oder die Moralität reichen politisch nicht aus, mögen sie auch philosophisch und religiös eine fundierende Rolle spielen. Politisch kommt es bei der Freiheit darauf an, dass man handelnd in die Welt eingreifen kann, dass dort Spuren sichtbar werden und bleiben. Die politische Freiheit – so Montesquieu – „kann nur darin bestehen, das tun zu können, was man wollen darf, und nicht gezwungen zu sein, zu tun, was man nicht wollen darf."[3] Diese Unterscheidung antizipiert dramatisch die totalitären Strukturen des 20. Jahrhunderts. Doch auch im 18. Jahrhundert herrschte in Frankreich der Gesinnungsterror der Kirche und des königlichen Spitzelwesens.

Für Arendt reicht der freie Wille Kants für die politische Freiheit jedenfalls nicht aus, so dass sich Philoso-

---

[1] Richard Rorty, Kontingenz, Ironie und Solidarität (1989), Frankfurt/M. 1992, 304

[2] Immanuel Kant, Grundlegung zur Metaphysik der Sitten, (1785), Akademie Ausgabe Bd. 6, Berlin 1968, 393

[3] Montesquieu, Vom Geist der Gesetze (1748), Stuttgart 1965, 210

phie und Politik am Freiheitsverständnis deutlich scheiden. So schreibt Arendt im zweiten Band *Vom Leben des Geistes* über *Das Wollen*: „Die politische Freiheit unterscheidet sich also von der philosophischen Freiheit dadurch, dass sie eindeutig eine Sache des Ich-kann und nicht des Ich-will ist."[1]

Treten mit dieser Differenz – und die Freiheit ist für Arendt für die Politik konstitutiv – Politik und Philosophie letztlich auseinander? Doch Arendt entdeckt gerade bei Kant ein Vermögen, das in der Politik wie in vielen anderen Bereichen zweifellos eine wichtige Rolle spielt, nämlich das der Urteilskraft. Doch dieses Vermögen muss sich gerade in der Politik ob deren kontingenten Bedingungen und ob der Unfähigkeit von Wissenschaft, Philosophie und Religion, dieser Kontingenz nachhaltig zu widerstreiten, eine reflexive Beschränkung auferlegen, die wiederum in die Philosophie, genauer in die Ästhetik verweist: Die Urteilskraft muss sich in der Politik – und bestimmt nicht nur dort – reflexiv bescheiden. Die reflektierende Urteilskraft unterscheidet Kant von der subsumierenden. Die subsumierende Urteilskraft wird überall und alltäglich angewandt. Die reflektierende konzentriert Kant auf das Kunstschöne, also auf das ästhetische Urteil, für das es gemeinhin nun mal keine allgemeine Regel gibt, obwohl doch fleißig über Kunstwerke geurteilt und diskutiert wird. Über Geschmack lässt sich also durchaus streiten, allerdings ohne zu einem notwendig ableitbaren Resultat zu gelangen.

Eine ähnliche Situation diagnostiziert Arendt denn auch in der Politik. Denn wenn man keine gemeinsamen obersten ethischen Werte mehr hat, wie es Nietzsche feststellt, wenn man auch in der Politik keine gemeinsamen höchsten Maßstäbe mehr findet, weil die Zeitgenos-

---

[1] Arendt, Vom Leben des Geistes (1973-75): Das Denken – Das Wollen, 2. Aufl. München 2002, 426

sen verschiedenen Ideologien nachhängen, dann fehlen sowohl in der Ethik wie in der Politik gemeinsame Maßstäbe für das Urteilen, muss man nicht nur „ohne Geländer" denken, sondern vor allem „ohne Geländer" urteilen. Dann kann man sich auch politisch nicht mehr auf Prinzipien berufen, sondern muss schlicht die verschiedenen Urteile der Zeitgenossen ernst nehmen, wenn man selber urteilen will.

In der Politik treffen unterschiedliche Urteile aufeinander, die sich nicht von den gleichen Prinzipien ableiten. Daher avanciert für Arendt Kants reflektierende Urteilskraft zum wichtigsten geistigen Vermögen, das die Politik unbedingt braucht. Kants Ästhetik weist also in die Politik, wie man sich umgekehrt in der Politik angesichts des Kampfes der Ideologien und der Religionen um Vermittlung bemüht, bei der auch philosophische Konzeptionen wie die reflektierende Urteilskraft oder das Denken eine Rolle spielen könnten.

Philosophie und Politik bleiben also nicht nur in einem Spannungsverhältnis zueinander. Sie beziehen sich aufeinander, so dass eine moderne politische Philosophie entsteht, die die traditionelle Frage nach der Gerechtigkeit und dem Guten überschreitet. Denn aus dem heutigen Verhältnis von Philosophie und Politik ergeben sich nicht nur andere Themenfelder wie Kommunikation, Denken und Urteilskraft. Daraus entstehen vor allem neue Verständnisformen von Politik, die sich den traditionellen Bestimmungen z.B. bei Strauss oder Schmitt entziehen.

VI. KAPITEL

METAPHYSIK UND POLITIK BEI RAWLS, LEO STRAUSS UND ARENDT

Viele moderne politische Philosophen versuchen, die Metaphysik zu vermeiden oder zu umgehen. Fraglich bleibt, ob das Unterfangen überhaupt eine Aussicht auf Erfolg hat. Trotzdem kann man die politischen Philosophen der Moderne durchaus dahingehend unterscheiden, ob sie sich zur Metaphysik einfach bekennen oder ob sie sich von ihr distanzieren. Erstere würde ich einer traditionellen politischen Philosophie zuordnen, letztere müsste man als die eigentlichen modernen politischen Philosophen bezeichnen, wenn nicht sogar als postmoderne. Letztere unterscheiden sich indes auch in jene, die eigentlich der Tradition zuzurechnen sind, weil sie vor die Moderne zurück wollen und jene eigentlichen postmodernen, die die Moderne radikalisieren, sie somit letztlich verlängern und auch nicht unbedingt beenden wollen.

Als Ausgangspunkt aller Fragen nach der Metaphysik gilt gemeinhin das Werk Platons. In seiner *Politeia* finden sich am Ende des Sonnengleichnis folgende Worte: „Ebenso nun sage auch, dass dem Erkennbaren nicht nur das Erkanntwerden von dem Guten komme, sondern auch das Sein und das Wesen habe es von ihm, obwohl das Gute selbst nicht das Sein ist, sondern noch über das Sein an Würde und Kraft hinausragt."[1] Das Gute verleiht

---

[1] Platon, Politeia, Werke Bd. 3, Hamburg 1958, 509b, 221

dem Seienden Sinn. Aber das Seiende zeigt sich durch das Gute nicht nur in seiner Wahrheit, wie es wirklich ist, sondern es gestaltet dadurch auch die Welt als den Ort, wo die Menschen leben. Am Guten muss sich also das Zusammenleben orientieren. Wie dieses Zusammenleben geformt wird, das regeln die Gesetze der Polis: Ergo am Guten muss sich die Politik orientieren.

So lange es einen einheitlichen Rahmen der Polis gibt, d.h. so lange das Interesse der Polis nur von der herrschenden Klasse der Reichen bestimmt wird, so lange die Armen keine Stimme haben, so lange sich die sozialen Gegensätze nicht entbergen, so lange steht das Gute als Orientierungspunkt auch nicht in Frage. D.h. die Politik besitzt etwas Metaphysisches, nämlich einen Grund, auf dem das Zusammenleben der Menschen aufruht, dieses regelt, ihm Form gibt, eben den Menschen sagt, wie sie zu leben haben, ihnen somit Sinn und Zweck des Lebens vorgibt. Schon Platon greift, weil er dem Frieden denn doch nicht so traut, zur Stabilisierung der gerechten Stadt nicht erst in den *Nomoi* auf die Religion zurück. Denn woher will man wissen, was gut und was schlecht ist!

1. Die liberale Trennung des Gerechten vom Guten

Dass das andererseits nicht so einfach ist, dass solches Wissen um Gut und Böse in den Religionskrieg genauso führt wie in die Totalitarismen des 20. Jahrhunderts, weil es letztlich sich berechtigt sieht dem anderen vorzuschreiben, wie er zu leben hat, das zeigt auch nicht erst die Geschichte der Neuzeit. Doch im Gegensatz zum aristotelischen Denken eines Thomas von Aquin oder dem platonischen eines Augustin hat sich in der liberalen Tradition von Moderne und Postmoderne die Einsicht verbreitet, es wäre besser, das Gute zu privatisieren, Vorstellungen des Guten aus dem politischen Diskurs auszuschließen, um die unendlichen ideologischen Streits zu mildern. Die Linie führt über die Reduktion der Staatsaufgaben auf den Schutz von Leben und Eigentum bei Hobbes und Locke, über Kants Einsicht, dass man das höchste Gute nicht gezielt herstellen kann, da es keinen methodisch angebbaren Übergang von der Tugend zur Glückseligkeit gibt – der zentrale Gedanke, der das Gute als Urgrund der Politik strukturell destruiert. John Stuart Mill ansatzweise, aber noch stärker der Pragmatismus von William James und John Dewey reduzieren das Gute wie das Wahre weitgehend auf das Nützliche.

Doch den deutlichsten Ausschluss des Guten aus dem politischen Diskurs – so könnte man das mit Foucault formulieren – erfährt das Gute bei John Rawls, und zwar in dessen Spätwerk über den Politischen Liberalismus. Bereits in seinem frühen Hauptwerk *A Theory of Justice* aus dem Jahr 1971, das wohl die nachhaltigste politisch philosophische Debatte des 20. Jahrhunderts auslöst, bereitet sich dieser Ausschluss vor. Der Staat „beschäftigt sich nicht mit philosophischen und religiösen Lehren, sondern regelt die moralische und religiöse Betätigung der Menschen nach Grundsätzen, denen sie selbst in einer anfänglichen Situation der Gleichheit zustimmen würden."[1] Unter dem methodischen Schleier des Nichtwissens über die eigene Situation und die eigenen Fähigkeiten, einem entscheidungstheoretischen Konstrukt, würden alle Beteiligten denselben Grundprinzipien zustimmen.

Mit dem programmatischen Begriff *Politischer Liberalismus* und dem gleichnamigen zweiten Hauptwerk aus dem Jahr 1993 möchte Rawls einen Anspruch vermeiden, den *Eine Theorie der Gerechtigkeit* noch entfaltet. Rawls erkennt im Laufe der Debatte um *A Theory of Justice*,

---

[1] John Rawls, Eine Theorie der Gerechtigkeit (1971), Frankfurt/M. 1979, 241

dass dieses Buch ein philosophisch umfassendes Konzept des Liberalismus entwickelt ähnlich wie im Zeitalter der Aufklärung bei David Hume und Immanuel Kant. Ein solches Konzept propagiert ein vernünftiges Modell der Gesellschaft, gerät dabei aber zu einer philosophischen Lehre, die einem Weltbild ähnelt, das mit den anderen Weltanschauungen in Konkurrenz und Gegnerschaft tritt.

Die Konkurrenz einer Vielzahl von religiösen oder philosophischen Weltanschauungen indes stellt nicht erst heute den Normalzustand in den modernen Gesellschaften dar. In seinem programmatischen Aufsatz „Gerechtigkeit als Fairness: politisch und nicht metaphysisch", aus dem Jahr 1985, heißt es, „dass der Liberalismus (. . .) annimmt, dass es in einem modernen demokratischen Verfassungsstaat unter modernen Bedingungen zwangsläufig einander widersprechende und miteinander unvereinbare Konzeptionen des Guten gibt. Dies ist ein Merkmal moderner Kulturen seit der Reformation."[1] Auf eine solche pluralistische Situation antwortet Rawls in den achtziger Jahren nicht mehr mit einem *philosophischen*, sondern mit einem *politischen* Liberalismus, der nur noch zwischen den Weltanschauungen vermitteln und dem Konflikt mit diesen entgehen will.

Der philosophische Liberalismus, wie ihn noch *Eine Theorie der Gerechtigkeit* entwirft, ergreift Partei innerhalb der ideologischen Auseinandersetzungen, die Rawls jetzt das Faktum des Pluralismus nennt. Um der Gesellschaft Stabilität zu verleihen, muss Rawls daher den *philosophischen* Liberalismus zugunsten eines bloß *politischen* verwerfen. Rawls schreibt: „Die Philosophie, verstanden als Suche nach der Wahrheit einer unabhängigen metaphysischen und moralischen Ordnung, kann nach

---

[1] Rawls, Gerechtigkeit als Fairness – politisch und nicht metaphysisch (1985); in: ders., Die Idee des politischen Liberalismus - Aufsätze 1978-1989, 2. Aufl. Frankfurt/M. 1997, 284

meiner Überzeugung in einer demokratischen Gesellschaft keine brauchbare gemeinsame Basis für eine politische Gerechtigkeitskonzeption bereitstellen."[1]

Dazu müsste sich der philosophische Liberalismus nämlich der staatlichen Zwangsgewalt bedienen und die anderen Lehren unterdrücken. Doch Demokratie basiert seit ihren Anfängen in den USA auf dem Prinzip der Toleranz. Die Orientierung an einer einzigen Weltanschauung, somit die Intoleranz, sollte dem Nationalstaat des 19. Jahrhunderts Stabilität verleihen. Die modernen demokratischen Gesellschaften lassen sich dagegen nur auf Toleranz stützen. „Eine praktikable Konzeption politischer Gerechtigkeit (. . .) muss der Verschiedenheit der Weltanschauungen und der Vielfalt miteinander konkurrierender und inkommensurabler Konzeptionen des Guten gerecht werden, wie sie von den Mitgliedern bestehender demokratischer Gesellschaften vertreten werden."[2]

Wie kann man die diversen Weltanschauungen in modernen Gesellschaften dazu bewegen, sich auf eine gemeinsame Gerechtigkeitskonzeption zu einigen, ohne die es an nötiger politischer Stabilität mangeln würde? Rawls unterscheidet den Pluralismus als solchen von einem vernünftigen Pluralismus: Umfassende Lehren oder Weltanschauungen, die politische und soziale Kooperation ablehnen und nur darauf abzielen, allen Bürger ihre Vorstellungen vom Guten aufzunötigen, gelten Rawls als unvernünftig. Sie müssen politisch bekämpft werden.

Vernünftige umfassende Lehren erklären sich dagegen zur Kooperation bereit. Sie erkennen nicht nur das Faktum des Pluralismus an. Vielmehr gehört zu ihrer Vorstellung vom Guten die Toleranz anderer Lehren. Sie

---

[1] Ebd., 264
[2] Ebd., 257

wissen, dass eine pluralistische Gesellschaft eine Gerechtigkeitskonzeption braucht, die sich nicht auf eine einzige Weltanschauung stützen kann. Rawls konstatiert in seinem Buch *Politischer Liberalismus* aus dem Jahr 1993: „Das Faktum eines vernünftigen Pluralismus ist keine unglückselige Bedingung des menschlichen Lebens, wie wir es über den Pluralismus als solchen sagen können, der Lehren einschließt, die nicht nur irrational, sondern auch wahnsinnig und aggressiv sind."[1]

Vernünftige Weltanschauungen propagieren als moralischen Wert die Kooperationsbereitschaft mit anderen Weltanschauungen. Sie würden diese selbst dann nicht unterdrücken, wenn sie dazu plötzlich die Gelegenheit und die Macht erlangten. Zu einer solchen Kooperation möchte der politische Liberalismus beitragen, ohne eine philosophische Konzeption des Guten anzubieten, ohne sich selbst als Weltanschauung zu verstehen: „Die Aufgabe des politischen Liberalismus besteht darin, eine politische Gerechtigkeitskonzeption für eine konstitutionelle Demokratie auszuarbeiten, die von der Pluralität vernünftiger Lehren - die stets ein Merkmal der Kultur einer freien demokratischen Ordnung ist - bejaht werden kann. Das Ziel ist weder diese umfassenden Lehren zu ersetzen, noch ihnen eine wahre Grundlage zu verschaffen."[2]

Dazu trennt der politische Liberalismus die Vorstellungen vom moralisch Guten von der Konzeption der Gerechtigkeit – das ist eine seiner Grundideen. Zwar veranlasst den Menschen seine jeweilige moralische Kompetenz, sich überhaupt auf eine übergreifende Gerechtigkeitskonzeption einzulassen. Aber damit alle vernünftigen Menschen dieser zustimmen können, darf sie

---

[1] Rawls, Politischer Liberalismus (1993), Frankfurt/M. 1998, 232

[2] Ebd., 15

sich eben nicht auf eine bestimmte moralische Lehre bzw. Vorstellung vom guten Leben stützen.

2. Politischer Liberalismus und Metaphysik

Deshalb versucht der *politische* Liberalismus den Bereich solcher philosophischer, moralischer oder religiöser Begründungen zu vermeiden. Stattdessen möchte er sich auf den Bereich des Politischen beschränken: Wie erzielt man politisch gerechte Übereinkünfte und stabile Regelungen, ohne sich dazu auf weltanschauliche Gründe zu berufen? „Um eine solche Übereinkunft zu sichern, versuchen wir so weit wie möglich, kontroverse philosophische, moralische und religiöse Fragen zu vermeiden. Wir tun das nicht, weil diese unwichtig wären oder wir sie für gleichgültig hielten, sondern weil wir sie für zu wichtig halten und erkennen, dass sie unmöglich politisch gelöst werden können."[1]

Der politische Liberalismus entwirft daher keine bestimmte Vorstellung des Guten. Wie ein gutes Leben auszusehen hat - ob fromm, ob sozial engagiert, ob national bewusst oder im Dienst der Kunst -, eine solche Frage gehört nicht zu politischen Problemen. Diese Frage zu beantworten, das überlässt der politische Liberalismus weitgehend den Bürgerinnen selbst. Bereits in *Eine Theorie der Gerechtigkeit* besitzt das Gerechte einen Primat gegenüber dem Guten. Doch Rawls beruft sich dabei trotzdem noch auf eine bestimmte Vorstellung des Guten. Die Menschen sollen realistische Lebenspläne entwerfen, die ein ganzes Leben umfassen und alle Phasen angemessen berücksichtigen, d.h. in jungen Jahren bereits an die Rente und die angemessene Erbschaft für die noch unge-

---

[1] Rawls, Gerechtigkeit als Fairness – politisch und nicht metaphysisch (1985), 264

borenen Kinder denken. Wer eine solche Vorstellung vom Guten besitzt, wird auch fairen Vorstellungen von der Gerechtigkeit folgen, die anderen ein derartiges Leben ebenfalls ermöglichen – was die soziale Ungleichheit mildert. Indem Menschen derart auf faire Kooperation achten, stabilisieren sie die gesellschaftlichen und politischen Bedingungen. Daraus entsteht eine wohlgeordnete Gesellschaft. Genau diese Vorstellung zieht Rawls im Spätwerk zurück. Er schreibt 1993: „Die Erklärung der Stabilität im dritten Teil von *A Theory of Justice* ist nicht mit der Konzeption als ganzer vereinbar. (. . .) Das ernste Problem (. . .) betrifft die in *A Theory of Justice* verwendete unrealistische Idee einer wohlgeordneten Gesellschaft."[1]

Rawls trennt in den späteren Jahren auch viel strikter die Idee des Gerechten von der des Guten. Stützt zunächst die liberale Idee des Guten die des Gerechten, so müssen sich später die in einer Gesellschaft vorhandenen Vorstellungen des Guten an die Idee des Gerechten anpassen: „Der Begriff der Gerechtigkeit ist unabhängig von dem des Guten und ihm gegenüber vorrangig in dem Sinne, dass seine Grundsätze die zulässigen Konzeptionen des Guten begrenzen."[2]

Die Lebensweisen müssen also der Gerechtigkeitskonzeption entsprechen. Daher darf die Politik in die Weltanschauungen und deren jeweilige Vorstellungen vom Guten eingreifen, wenn sich diese als aggressiv oder intolerant erweisen, mögen die Menschen dabei auch noch so hehre Ziele verfolgen: „Die Konzeption der Gerechtigkeit als Fairness (. . .) achtet soweit wie möglich die Ansprüche derjenigen, die in Übereinstimmung mit den Vorschriften ihrer Religion wünschen, von der modernen

---

[1] Rawls, Politischer Liberalismus (1993), 12

[2] Rawls, Gerechtigkeit als Fairness – politisch und nicht metaphysisch (1985), 290

Welt Abstand zu halten, vorausgesetzt nur, dass sie ihrerseits die Grundsätze der politischen Gerechtigkeitskonzeption anerkennen (...)."[1]

Unter pluralistischen Bedingungen kann sich die Konzeption der Gerechtigkeit nicht auf eine bestimmte Vorstellung des Guten, auch nicht auf das liberale Ideal der wohlgeordneten Gesellschaft stützen. Die Gerechtigkeitskonzeption gestaltet stattdessen den Rahmen des vernünftigen Pluralismus bzw. fragt danach, welche Weltanschauungen kooperationsbereit und somit vernünftig sind. Wie aber können die Bürger gleichzeitig ihren Weltanschauungen folgen und sich auf eine gerechte politische Ordnung einlassen?

Als Antwort auf diese Frage entwickelt der politische Liberalismus ein Ideal, das nicht mehr bis in die Konzeption des Guten reicht, sondern sich auf der politischen Ebene der Gerechtigkeitskonzeption ansiedelt: Vernünftige umfassende Lehren sollen sich nicht damit zufrieden geben, andere zu tolerieren, sondern selber einen *übergreifenden Konsens* wünschen – der leitende Begriff im rawlsschen Spätwerk. Und zwar aus ihrer jeweiligen Konzeption des Guten heraus erachten sie einen übergreifenden Konsens für notwendig, gerecht und gut. Sowohl *vernünftige* Weltanschauungen als auch der *politische* Liberalismus verstehen dann den übergreifenden Konsens nicht als notwendiges Übel, sondern als eine positive moralische Chance, um die pluralistischen gesellschaftlichen Verhältnisse zu stabilisieren. Rawls schreibt: „Indem wir eine politische Gerechtigkeitskonzeption so anlegen, dass ein übergreifender Konsens über sie möglich ist, passen wir sie nicht der existierenden Unvernunft an, sondern dem Faktum eines vernünftigen Pluralismus, das

---

[1] Rawls, Politischer Liberalismus (1993), 298

selbst das Ergebnis des freien Gebrauchs der menschlichen Vernunft unter Bedingungen der Freiheit ist."[1]

Eine moderne Demokratie kann ihre Stabilität nicht als durchgängig wohlgeordnete Gesellschaft sichern, die sich um einen sozialen Ausgleich bemüht. Sie muss sich stattdessen damit zufrieden geben, den vorhandenen Pluralismus in einem übergreifenden Konsens vernünftig auszugestalten. Der politische Liberalismus entwickelt daher eine Konzeption der Gerechtigkeit, von der er hofft, dass sie die Unterstützung vernünftiger Weltanschauungen erfährt, die von der Notwendigkeit gegenseitiger fairer Kooperation überzeugt sind: „Um diese politische Konzeption zu finden, betrachten wir nicht die bekannten umfassenden Lehren, um sie gegeneinander abzuwägen oder einen Durchschnitt zu bilden, und wir versuchen auch nicht, die politische Konzeption als einen Kompromiss für hinreichend viele in der Gesellschaft existierende Lehren zu gestalten. (. . .) Wir versuchen vielmehr eine freistehende politische Konzeption mit einem eigenständigen (moralischen) politischen Ideal auszuarbeiten, das durch das Reziprozitätskriterium ausgedrückt wird."[2]

Jede vernünftige Weltanschauung soll von ihrem eigenen Standpunkt aus zur Einsicht gelangen, dass es sinnvoll ist, die eigene Konzeption des Guten aus der politischen Diskussion heraus zu halten und stattdessen einen übergreifenden Konsens zu akzeptieren. Denn wenn man sich mit anderen Weltanschauungen nicht auf gemeinsame Vorstellungen vom Guten einigen muss, dann bleiben die eigenen auch unbeeinträchtigt bestehen. Auf diese Weise achtet man gleichzeitig die Vorstellungen der anderen, die man ja ebenfalls unverändert erhält. Kein fauler Kompromiss und kein bloßer Modus vivendi

---

[1] Rawls, Politischer Liberalismus (1993), 232
[2] Ebd., 45

verlangt von den Weltanschauungen Anpassung. Genau damit würde sich Rawls auch nicht zufrieden geben. Er versteht politische Philosophie als politische Ethik und nicht bloß als politische Technik. So stellt er 2001 am Ende eines *Neuentwurfs* programmatisch fest, „dass eine politische Gerechtigkeitskonzeption (z.B. die Konzeption der Gerechtigkeit als Fairness) gerade deshalb, weil sie nicht allgemein und global ist, dazu beitragen kann, dass aus einem bloßen Modus vivendi ein übergreifender Konsens hervorgeht."[1] So verschiebt sich die Argumentation zwischen *Eine Theorie der Gerechtigkeit* und dem zweiten Hauptwerk *Politischer Liberalismus.* Die theoretische Ableitung der beiden Grundprinzipien aus den Bedingungen des Urzustandes tritt mit der sozialen Frage der Ungleichheit in den Hintergrund und die pluralistische Verfassung moderner Gesellschaften in den Vordergrund. Weltanschauung bzw. vernünftige umfassende Lehren, die bestimmte Vorstellungen vom Guten haben, ergeben das Feld der Metaphysik, dem sich eine formale bzw. logische Argumentation zu entziehen sucht, der es nicht mehr um Vorstellungen des Guten geht, sondern allein darum, wie ein Ausgleich zwischen diesen metaphysischen Vorstellungen erreicht werden kann.

---

[1] Rawls, Gerechtigkeit als Fairness – Ein Neuentwurf (2001), Frankfurt/M. 2003, 301

3. Das gute Leben als naturgemäß

Doch gerade in den USA steht heute der liberale Pluralismus unter erheblichen Druck durch diverse konservative, christlich fundamentalistische und populistische Bestrebungen. Jenseits dieses Populismus mit seinen rassistischen Implikationen ist einer ihrer wichtigsten Vordenker zweifellos Leo Strauss, um den sich ja sogar Verschwörungstheorien ranken, soll er sein eigentliche Lehre nur mündlich seinen Schülern mitgeteilt haben, zu denen unter anderem der 2001-2005 stellvertretende Außenminister unter Donald Rumsfeld, Paul Wolfowitz zählt, der von 2005-2007 Präsident der Weltbank war.

Strauss insistiert gegenüber liberalen Relativierungen auf der Orientierungskraft des Guten für die Politik. Wie ist das möglich nach besagten Religions- und Revolutionskriegen? Wie kann das Gute Grundlage des Politischen sein? Gibt es eine politische Metaphysik, die als allgemein orientierend anerkannt werden muss?

Strauss' Erfahrungshorizont umschließt die Epoche von Nationalsozialismus und Kommunismus, die für ihn ähnlich wie für Eric Voegelin Resultate einer Entwicklung sind, die sich der Aufklärung und dem Liberalismus verdanken. Vor allem der zeitgenössische Liberalismus führt wie auch der Positivismus ob seines historischen Denkens in einen ethischen Relativismus, der der modernen Gesellschaft, wie Staat und Politik eine ethische Grundlage im Guten entzieht. Denn historischer Relativismus und liberaler Pluralismus führen für Strauss zu einer Vervielfältigung der Vorstellungen des Guten, die für ihn den Zerfall absoluter ethischer Werte wie der politischen Ordnung darstellen mit den bekannten totalitären Resultaten – nennen wir das für die Gegenwart: den Wertrelativismus, der zur Auflösung von sittlichen Institutionen und festen moralischen Prinzipien führt, zur Auflösung der monogamen Familie und zur Promiskuität, Polyamorie, Verhütung, Abtreibung und Kinderlosigkeit, zur Anerkennung der Homosexualität, zu Egoismus, Individualismus und Hedonismus – evidente und weit verbreitete Phänomene in den modernen Gesellschaften, die von vielen gerade geschätzt und nicht abgelehnt werden, was man als Umwertung der Werte bezeichnen könnte.

Wie aber kann es nur eine einzige Vorstellung vom Guten geben? Wie kann man zu absolut gültigen ethischen Prinzipien zurückgelangen? Man muss das historische Denken aufgeben! Das bedeutet für Straus, man muss zum klassischen Naturrecht von Platon und Aristoteles zurückkehren. Wenn man nämlich das Naturrecht auflässt, entscheiden die jeweiligen Gesetzgeber und Gerichte, was Recht und somit was gerecht ist. Man verliert einen höheren Maßstab für das Unrecht staatlicher Gesetzgebung. Dass in vielen Ländern indes nicht Recht sondern Unrecht gesprochen wird, lässt sich schwerlich übersehen. Die Frage ist natürlich, wie denn Recht gesprochen wird.

Jedenfalls besteht daher für Strauss heute wie vor Jahrtausenden eine klare Notwendigkeit des Naturrechts. Es aufzugeben, zeugt von einem historisch weit zurückreichenden Zerfall ethischer und politischer Werte. Ähnlich unterstellt 1981 der katholische Kommunitarist Alasdair MacIntyre in seiner Antwort auf *A Theory of Justice* unter dem Titel *After Virtue*, dass „der Grundgehalt der Moral in erheblichem Umfang aufgebrochen und teilweise zerstört worden ist."[1]

Das Naturrecht erlebte seine große Stunde einer Wiedergeburt bei der Begründung des modernen Staates durch Hobbes, Locke und Rousseau. Doch anders als im

---

[1] Alasdair MacIntyre, Verlust der Tugend – Zur moralischen Krise der Gegenwart (1981), Frankfurt/M. 1987, 18

klassischen Naturrecht untersteht der Staat bei Hobbes und Locke keinem höheren Zweck, in dem sich göttlicher Auftrag genauso wie die Unterordnung des Einzelnen spiegeln. Der Souverän soll nach Hobbes vielmehr Leben und Eigentum seiner Untertanen schützen, so dass die Bürger ein Recht auf eine solche Sicherheit erhalten. Diese zu gewährleisten avanciert nun zum höchsten Staatszweck. Strauss schreibt 1953 in *Naturrecht und Geschichte*: „Wenn wir die politische Doktrin, die die Rechte des Menschen im Unterschied zu seinen Pflichten als politische Grundtatsache betrachtet und die Funktion des Staates im Schutz oder in der Sicherung dieser Rechte sieht, Liberalismus nennen dürfen, dann müssen wir sagen, dass der Gründer des Liberalismus Hobbes war."[1]

Das moderne Naturrecht führt zur Entstehung der Menschenrechte und sichert sie durch verschiedene Institutionen ab wie die Gewaltenteilung und den Rechtsstaat. Dagegen kritisiert Leo Strauss einen bis heute andauernden Niedergang der Ethik, wenn der Liberalismus im modernen Naturrecht anfängt, das Individuum als Zweck an sich selbst zu betrachten und es nicht mehr der Gemeinschaft unterzuordnen. Erhebt Thomas Hobbes den Schutz des Lebens des Einzelnen zum höchsten Staatszweck, so gewinnt das Individuum nicht nur einen Vorrang gegenüber dem Staat, sondern eignet sich auch die Kompetenz an zu beurteilen, wann dieser Vorrang erfüllt wird: „Wenn aber jeder noch so törichte Mensch von Natur aus darüber richten kann, was für seine Selbsterhaltung notwendig ist, dann kann mit Recht alles als für die Selbsterhaltung unerlässlich angesehen werden: alles ist dann von Natur aus gerecht. Wir können dann von einem Naturrecht der Torheit sprechen."[2]

---

[1] Strauss, Naturrecht und Geschichte (1953), Frankfurt/M. 1977, 188
[2] Ebd., 192

Vor allem gemeinsame bzw. allgemein gültige ethische Normen gehen verloren. Sie verfallen der Relativität. Ihre Reichweite beschränkt sich auf den jeweiligen Horizont der Individuen und darüber hinaus auf eine bestimmte Gesellschaft in ihrer historischen Situation, in der für eine bestimmte Zeit ethische Werte gelten: Absolute Werte, die in allen Zeiten unbedingte Anerkennung finden, sucht man vergebens – das ist Nihilismus. „Der liberale Relativismus wurzelt (. . .) in der Vorstellung, dass jedermann ein natürliches Recht darauf hat, dem nachzustreben, was er unter Glück versteht. (. . .) d.h. umso weniger sind wir imstande, loyale Glieder der Gesellschaft zu sein"[1], die bereit sind, beispielsweise ihren Wehrdienst zu leisten.

Im Laufe des 17. und 18. Jahrhunderts betont man immer stärker die Rechte des Menschen, während die Pflichten in den Hintergrund treten. Die Ethik verliert ihre in der Antike und im Mittelalter durch Staat und Religion bindende Kraft – so indirekt auch MacIntyre – was aber höchstens für die Spätantike gilt. Die Ethik kann nur noch an das Individuum appellieren, ihm nicht mehr befehlen. Damit verfällt Moral zu einer Angelegenheit der Freiwilligkeit, auf die Kant abzielt, für den Pflicht niemals äußerer Zwang sein kann, sondern eigene Einsicht in das durch die praktische Vernunft Gebotene. Allerdings zwingt diese nicht, kann sich ein Staat auf eine solche Ethik denn auch nicht mehr verlassen. Es darf nicht verwundern, wenn an die Stelle einer schwachen Ethik, die bestenfalls noch zu überreden vermag, im 19. Jahrhundert andere Institutionen treten, bei Hegel das Recht, bei Marx die Ökonomie, bei Nietzsche der geniale politische Führer, später bei Bergson das mystische Genie. Strauss schreibt: „Was im modernen Zeitalter stattfand, war eine

---

[1] Ebd., 6

fortschreitende Zersetzung und Zerstörung des Erbes der westlichen Zivilisation. Die Seele der modernen Entwicklung ist, könnte man sagen, ein eigentümlicher ‚Realismus‘, die Vorstellung, dass moralische Prinzipien und die Beschwörung moralischer Prinzipien – in Belehrung und Predigt – wirkungslos sind, und dass man daher nach einem Ersatz für moralische Prinzipien zu suchen hat, nach etwas, das wirkungsvoller ist als die wirkungslose Belehrung. Solchen Ersatz fand man beispielsweise in Institutionen oder in der Ökonomie."[1]

Foucault wird Strauss indirekt bestätigen, wenn er diverse Disziplinierungsmethoden beschreibt, die sich um 1800 verbreiteten: „Die Disziplinarinstitutionen haben eine Kontrollmaschinerie hervorgebracht, die als Mikroskop des Verhaltens funktioniert; ihre feinen analytischen Unterscheidungen haben um die Menschen einen Beobachtungs-, Registrier- und Dressurapparat aufgebaut."[2] So fängt man die mündige Bürgerin wieder ein und steckt ihre moralische Kompetenz in eine Zwangsjacke, ein Verfahren das in den frühen zwanziger Jahren des 21. Jahrhunderts gerade in den demokratischen Ländern fleißig wiederkehrt.

Spätestens seit der Aufklärung verliert die Moral ihre göttlichen Gewissheiten, verdunkeln sich Gottes bzw. der Vorsehung Wege, und damit auch das göttliche Naturgesetz. Das Gebot, nur das Gute und nicht das Böse zu tun, büßt seine Unbedingtheit ein. Heute heiligt der gute Zweck häufig auch böse Mittel. Für Strauss verkehren sich damit die ethischen Werte. Denn die Frage nach dem Guten entwickelt gleichzeitig das Wesen des Menschen wie das der Politik. Ethik und Politik gehören zusammen.

---

[1] Strauss, Progress or Return? (1952), in: ders., Jewish Philosophy and the Crisis of Modernity, Albany 1997, 100 (eigene Übersetzung)

[2] Michel Foucault, Überwachen und Strafen – Die Geburt des Gefängnisses (1975), Frankfurt/M 1977, 224

Wer die Frage nach dem Guten und Richtigen aus der Politik ausklammert, entmenschlicht den Menschen und entpolitisiert die Politik.

Die Kehre zur Ethik gründet daher für Strauss in der Natur des Menschen, den die großen Fragen nach dem Guten, dem Richtigen und dem Wahren antreiben. Strauss analysiert in seiner programmatischen Schrift *What is Political Philosophy*: „Alles politische Handeln zielt entweder auf Erhalt oder auf Änderung. Wenn wir den Erhalt wünschen, möchten wir eine Veränderung zum Schlechteren verhindern; wenn wir den Wechsel wünschen, möchten wir etwas Besseres hervorbringen. Jedes politische Handeln wird von derartigen Gedanken des Besser und des Schlechter geleitet. Aber Denken von Besser und Schlechter setzt Denken des Guten voraus. (. . .) Alles politische Handeln richtet sich daher auf ein Wissen vom Guten aus: vom guten Leben oder von der guten Gesellschaft. Denn die gute Gesellschaft ist das vollständige politisch Gute."[1]

Die Frage nach dem Guten, die Politik und Ethik von Natur aus prägt und erst in der Moderne aufgelassen wurde, rekurriert auf das Grundproblem, wie der Mensch leben soll, welche Lebensform die Beste ist. Aber kann man diese Frage denn überhaupt allgemein verbindlich beantworten? Diesem Einwand hält Strauss das entgegen, was die klassischen Denker, primär Platon und Aristoteles, unter dem guten Leben verstehen: „Das gute Leben ist ganz einfach dasjenige in welchem die Forderungen der natürlichen Neigungen des Menschen im höchstmöglichen Grade in angemessener Reihenfolge erfüllt werden. Es ist das Leben eines im höchstmöglichen Grade wachen Menschen, eines Menschen, in des-

---

[1] Strauss, What is Political Philosophy? and other studies, New York, London 1959, 10 (eigene Übersetzung)

sen Seele nichts brach liegt."[1] Wenn der Mensch gut lebt, entfaltet er seine Natur. Er lebt also gemäß der Natur, aber seiner Natur. Das nennt Strauss das Naturgesetz, das die Regeln enthält, um seiner Natur entsprechend zu leben. Damit vervollkommnet sich der Mensch, wird er tugendhaft.

Unter der Voraussetzung, dass sich die Natur nicht ändert, bleibt ein naturgemäßes Leben als ethisch gutes Leben immer gleich, stellt also einen absoluten Wert dar, der von allen historischen und individuellen Umständen absieht. Ein absoluter Wert gilt daher für alle Menschen in allen Zeiten. Dann weiß man heute darüber auch nicht besser Bescheid als früher. Im Gegenteil, die Weisheit der Alten fällt womöglich größer aus als die der Jungen, vor allem wenn man sich heute kaum noch um diese Weisheit kümmert, gar keine Frage mehr nach dem guten Leben stellt. Dann hat diese Frage ihren orientierenden Sinn verloren. Folglich muss man ihr dort nachforschen, wo sie am klarsten entwickelt wurde, in der klassischen griechischen Philosophie, bei Platon und Aristoteles.

4. Die Metaphysik der Herrschaftsbedürftigkeit

Die politische Ethik und die Frage nach dem guten Leben verkörpern letztlich den Bezug des Menschen zur Natur. Die antike klassische Philosophie entdeckt die Natur als Urgrund des Menschen, somit auch der Polis, so dass diese politische Ethik gleichzeitig einen natürlichen Charakter besitzt, der ob der Naturverbundenheit für alle Menschen zu allen Zeiten gleichermaßen gilt: Der Mensch ist damals wie heute ein Wesen, das in Staaten und Gemeinschaften lebt und nicht alleine in der Wildnis. Die klassische Philosophie war daher der Natur noch

---

[1] Strauss, Naturrecht und Geschichte (1953), 131

näher als die moderne Philosophie. Somit lässt sich dort auch die absolute Ethik, das absolut Gute, damit das Metaphysische schlechthin, am besten studieren. Ihre Einsichten über Absolutes gelten für Strauss natürlich noch heute, formulieren sich aber klarer als moderne Theorien, weil sie noch natürliche Frische und Leichtigkeit atmen. So verknüpft die antike Philosophie Ethik und Politik in selbstverständlicher Manier. Strauss schreibt: „Die Krise der Moderne, auf die wir uns beziehen, führt zum Vorschlag einer Rückkehr. Aber wohin zurückkehren? Offensichtlich zur westlichen Zivilisation in seiner prämodernen Integrität, zu den Prinzipien der westlichen Zivilisation. Doch hier besteht eine Schwierigkeit, da sich die westliche Zivilisation aus zwei Elementen zusammensetzt, zwei Wurzeln hat, die in radikaler Weise nicht miteinander übereinstimmen. Wir können diese beiden Elemente, (. . .), Jerusalem und Athen nennen, oder – um in einer nichtmetaphorischen Sprache zu sprechen – die Bibel und die griechische Philosophie."[1]

Doch in einer Hinsicht stimmen die klassische Philosophie und die Bibel überein, wenn beide die eminente Bedeutung von Ethik und Moral betonen, gerade weil daran auf Erden ein fataler Mangel herrscht. Leo Strauss schreibt: „Es ist für Aristoteles wie für Moses offensichtlich, dass Mord, Diebstahl, Ehebruch etc. unbedingt schlecht sind. Griechische Philosophie und die Bibel stimmen insoweit überein, dass der richtige Rahmen der Moral die patriarchalische Familie ist, die monogam ist oder dazu tendiert und die die Zelle der Gesellschaft formt, in der die freien erwachsenen Männer, und besonders die alten, vorherrschen. Was immer die Bibel und die Philosophie uns über die Vornehmheit gewisser Frau-

---

[1] Strauss, Progress or Return? (1952), 104 (eigene Übersetzung)

179

en erzählen mag, im Prinzip beruht beides auf der Dominanz des männlichen Geschlechts."[1]

Diese Übereinstimmung stößt allerdings an eine Grenze: „Der gemeinsame Grund zwischen der Bibel und der griechischen Philosophie ist das Problem des göttlichen Gesetzes. Sie lösen dieses Problem in diametral gegensätzlicher Weise."[2] Denn in der griechischen Philosophie ist die Kraft der moralischen Forderung erheblich schwächer als in der Bibel. Das moralische Gesetz gilt zwar Platon durchaus als natürlich und göttlich gegeben. Doch ihm fehlt die göttliche Verheißung, die die biblischen Offenbarungsreligionen verkünden. Nach Platon wird das Böse aus der Welt der Menschen niemals vollständig zu bannen sein. Die Bibel eröffnet jedoch für das Ende aller Tage eine vollständige Erlösung vom Bösen und von allem Übel.

Just weil die Ethik den Menschen nur überredet, ohne ihm dafür allzu viel versprechen zu können, muss die Religion der Politik beistehen. Umso notwendiger präsentiert sich diese Hilfe, als die Interessen der Menschen eben nicht nur dessen moralischen, sondern auch den staatlichen Gesetzen gerne widersprechen. Gerade damit sich die ethischen Forderungen ob ihrer Schwäche auch realisieren lassen, damit sie ins Politische hinein wirken, braucht es die Verheißung der Offenbarung. Strauss schreibt: „Die Art und Weise, wie man von Menschen geschaffene Gesetze versteht und bewertet, hängt davon ab, wie man die Ordnung, die nicht von Menschen geschaffen ist und die durch das Gesetz nur bekräftigt wird, versteht."[3] Wenn das Gesetz einen göttlichen Charakter erhält, wenn es einer göttlichen Ordnung entspringt,

---

[1] Strauss, Progress or Return? (1952), 105 (eigene Übersetzung)

[2] Ebd., 107 (eigene Übersetzung)

[3] Strauss, Über Tyrannis – Eine Interpretation von Xenophons ‚Hieron' (1948), Neuwied, Berlin 1963, 144

dann verliert es nach Strauss seinen „Zwangscharakter", bzw. dieser mindert sich als ein Teil der Schöpfung.

Trotzdem bleibt dieser Anspruch notwendigerweise fiktiv, kann eben nicht bewiesen werden, besitzt also selbst auch wieder eine Schwäche. Die klassische politische Ethik und die biblischen Offenbarungsreligionen können alleine den Konflikt zwischen den Individuen und dem Gesetz in der Moderne nicht lösen, den Wertezerfall nicht aufhalten. Im Gegensatz zum Liberalismus aber, der glaubt, den Menschen umfassend bilden, d.h. zivilisieren zu können, so dass dieser sich an die Gesetze aus freien Stücken bzw. vernünftiger Einsicht hält, weiß Strauss um die Natur des Menschen: „Der Liberalismus (...) vergisst das Fundament der Kultur, den Naturstand, d.h. die menschliche Natur in ihrer Gefährlichkeit und Gefährdetheit."[1]

Ob dieser „Gefährlichkeit und Gefährdetheit", kann man sich weder mit der philosophischen Ethik noch mit der religiösen Offenbarung zufrieden geben. Ohne wirksamen politischen Zwang lässt sich diese gefährliche wie gefährdete Natur des Menschen weder beherrschen noch beschützen. Der Wertezerfall weist Strauss von der Ethik über die Religion zur Politik. Er schreibt über das klassische Naturrecht: „Der Mensch ist so veranlagt, dass er die Perfektion seiner Menschlichkeit nur durch die Zügelung seiner niederen Impulse erreichen kann. Er kann seinen Körper nicht durch Überredung beherrschen. Allein diese Tatsache zeigt, dass sogar die despotische Herrschaft nicht *per se* naturwidrig ist."[2] Strauss formuliert an anderer Stelle die grundsätzliche These: „Die Frage: Gefährlichkeit oder Ungefährlichkeit des Menschen? taucht also auf angesichts der Frage: ob die Regierung von Menschen

---

[1] Strauss, Anmerkungen zu Carl Schmitt, Der Begriff des Politischen (1932), Gesammelte Schriften Bd. 3, Stuttgart, Weimar 2001, 225

[2] Strauss, Naturrecht und Geschichte (1953), 137

über Menschen notwendig oder überflüssig ist, bzw. sein wird. Demnach bedeutet Gefährlichkeit: *Herrschaftsbedürftigkeit.*[1] Macht ist also keineswegs grundsätzlich böse, im Gegenteil. Die herrschaftsbedürftige Natur des Menschen verlangt den Einsatz der Macht, um diese Natur zu disziplinieren. Eine überredende Ethik oder eine verheißende Offenbarung bringen niemals den verpflichtenden Zwang zustande. Die Herrschaft des Menschen über den Menschen erweist sich folglich als notwendig, selbst wenn sie in despotische Verhältnisse ausartet. Damit nähert sich Strauss indes Hegel an, für den das Recht wichtiger ist als die Moral, und Schmitt.

Die Politik muss sich dabei aber von der Philosophie ihren Blick für das Ganze weiten lassen. Von der Organisation der bloßen Bedürfnisbefriedigung ihrer Bürger soll sie sich dadurch verabschieden. Ihre Aufgabe präsentiert sich vielmehr seit der klassischen griechischen Philosophie als die Entwicklung des sittlich guten und gerechten Staates. Zu einem solchen neuen ausgeprägten Selbstbewusstsein der Politik, das sich auf die Herrschaftsbedürftigkeit der menschlichen Natur stützt, dazu muss die politische Philosophie beitragen. So schreibt Leo Strauss programmatisch: „Das Thema der politischen Philosophie sind die großen Ziele der Menschheit, Freiheit und Regierung oder Herrschaft, Themen die fähig sind, alle Menschen aus ihrem ärmlichen Selbst zu erheben."[2]

So problematisch wie das Verhältnis zwischen Moral, Religion und Politik ist, bleibt aber natürlich auch das der Politik zur politischen Philosophie. Am Ende seines Hauptwerkes *Naturrecht und Geschichte* schreibt Leo Strauss über den englischen Kritiker der französischen

---

[1] Strauss, Anmerkungen zu Carl Schmitt, Der Begriff des Politischen (1932), 230

[2] Strauss, What is Political Philosophy? (1959), 10 (eigene Übersetzung)

Revolution, Edmund Burke, der gleichfalls die Gefahren erkennt, die von der Philosophie ausgehen: „Keine wirkliche Gesellschaftsordnung ist vollkommen. ‚Spekulative Untersuchungen' fördern mit Notwendigkeit die Unvollkommenheit der bestehenden Ordnung zutage. Werden diese Untersuchungen in die politische Diskussion eingeführt, welcher es notwendigerweise an ‚der Kühle philosophischer Untersuchung' mangelt, so werden sie wahrscheinlich hinsichtlich der bestehenden Ordnung ‚Unzufriedenheit unter dem Volke hervorrufen', eine Unzufriedenheit, die eine vernünftige Reform unmöglich machen kann. Die legitimsten theoretischen Probleme werden in der politischen Arena zu ‚ärgerlichen Fragen' und rufen ‚Streitsucht' und ‚Fanatismus' hervor."[1]

Politik, die sich ihres ethischen wie religiösen Gehaltes versichert, wirft nicht notorisch den Schleier des Ideologischen über die Durchsetzung von vielleicht ökonomischen Interessen des Kapitals – wie es linke Kritiker gerne behaupten. Vielmehr sucht sie klar zwischen Gut und Böse zu trennen. Sie will die moderne Beliebigkeit aufgeben, die beinahe jede Politik auf irgendeine Weise rechtfertigt, die, anstatt den Diktatoren die Stirn zu bieten, diese freundlich behandelt, um sie milde zu stimmen. Für eine moderne ethisch orientierte Politik würde dann gelten, was Strauss über Aristoteles schreibt, dass nämlich ein gerechter Staat nur einen gerechten Krieg führen wird. Unter seiner Kontrolle bleibt aber nicht unbedingt die Wahl der Waffen, die vom ungerechten Feind abhängt: „Es gibt keine im voraus definierbaren Beschränkungen, es gibt keine bestimmbaren Grenzen für das, was zur gerechten Repressalie werden kann. Aber der Krieg wirft seine Schatten auf den Frieden."[2]

---

[1] Strauss, Naturrecht und Geschichte (1953), 324

[2] Ebd., 165

Haben in der Demokratie andererseits nicht auch Bürger das Recht, eine andere Meinung zu vertreten? Strauss folgt hier gleichfalls der klassischen politischen Philosophie. Nicht alle Menschen haben die gleiche geistige Kraft und nicht die gleiche starke Tugend. Wer sich um die Frage nach dem Richtigen und Guten streitet und dabei nicht das Eigeninteresse zum Kriterium erhebt, der wird sich den ethischen Argumenten nicht entziehen, der wird für gemeinschaftsorientierte Tugenden eintreten und diese auch selbst befolgen. Wenn er einen Krieg für richtig hält, wird er ihn führen. Strauss stellt fest: „Da die klassischen Denker sittliche und politische Angelegenheiten im Lichte der Perfektion des Menschen sahen, waren sie keine Gleichmacher. Nicht alle Menschen sind von der Natur in gleicher Weise für den Aufstieg zur Vollkommenheit begabt, oder: nicht alle ‚Naturen' sind gute ‚Naturen'. Alle Menschen, d.h. alle normalen Menschen haben die Fähigkeit zur Tugend; einige aber bedürfen der Führung durch andere, während andere ihrer überhaupt nicht oder in viel geringerem Maße bedürfen."[1]

Muss sich Politik gerade unter Bedingung der Pluralisierung der Gesellschaft auf ein absolutes Gutes stützen, weil sonst mit dem Wertezerfall auch ein Verfall sittlicher Traditionen droht? Wäre dazu auch der Rückgriff auf religiöse Offenbarungen oder auf politische Mythologien gerechtfertigt? Darf, ja muss man dazu auch Zwangsmittel einsetzen? Oder fehlt solchen Vorstellungen vom absoluten Guten doch längst sowohl die mögliche Begründung als auch die allgemeine Anerkennung? Muss man sich nicht doch angesichts demokratischer Lebensumstände, wenn sich die Menschen nicht mehr so leicht bevormunden lassen, wenn das Urteil jedes Menschen in einem gewissen Sinne – und sei es nur bei Umfragen –

---

[1] Strauss, Naturrecht und Geschichte (1953), 138

doch zählt, von einer gemeinsamen Vorstellung vom Guten in der Politik verabschieden, die ohne metaphysische Argumente nicht auskommt?

5. Das Böse als Ende der Metaphysik

Muss man das Gute in der Politik metaphysisch bestimmen? Oder sollte man es aus der politischen Debatte ausschließen, um jenseits der Metaphysik sich allein um formale Prinzipien der Gerechtigkeit zu bemühen? Oder könnte man das Gute von seinem begrifflichen Gegenteil her, vom Bösen aus eingrenzen? Was ist das Böse? Ein Beispiel für das Böse, das sicherlich weitgehend Zustimmung erfährt, das ist der Holocaust und dazu gehören natürlich dessen Täter, beispielsweise ein gewisser Eichmann, über dessen Prozess 1961 in Jerusalem Arendt einen langen Bericht geschrieben hat. Wie nun sieht das Böse aus und welche Rückwirkungen hat das auf das Gute als Sinn des Politischen?

Das israelische Gericht, vor allem der Staatsanwalt wollten in jenem Eichmann einen der verantwortlichen Haupttäter erkennen, der dieser indes gar nicht sein konnte, weil sein Büro nur ein Ausführungsorgan der Massendeportationen darstellte. Das israelische Gericht befand sich in einer Zwickmühle. Im Grunde wollte man von einer totalen Verantwortung des Menschen für sein Leben nichts wissen, wie sie Jean-Paul Sartre angesichts der nazi-deutschen Besatzung in Frankreich propagierte. Eichmann eine leitende Funktion und eine sich daraus ergebende Verantwortlichkeit nachzuweisen, das erschien dem Gericht daher leichter, als sich auf eine Diskussion einzulassen, welche Verantwortung ein Untergebener für den Holocaust trägt, der ja „nur" die Züge fahren ließ.

Doch die ethischen Gefühle und der moralische Verstand verwirrten sich im Zuge dieses Verwaltungsmassenmords definitiv nicht nur bei den unmittelbar Verantwortlichen, die der sittlichen Rede wirklich nicht wert sind, sondern vor allem bei den Menschen in den großen Apparaten, die diesen Massenmord ohne zu murren durchführten. Solche Verantwortungslosigkeit aber hat sich in den großen Systemen, Bürokratien, Apparaten der industriellen Massengesellschaft lange schon angekündigt. Die Israelis hatten wirklich den Prototyp des eigentlichen Täters, nämlich den Ausführenden geschnappt, der sich in seinem besonderen Fall von den ca. zwei Millionen unmittelbar am Völkermord Beteiligten nur dadurch unterschied, dass er sich wirklich nicht damit rausreden konnte, nicht gewusst zu haben, was er anstellte. Es handelte sich bei Eichmann um den Schlimmsten und zwar nicht deshalb weil er verantwortlicher Politiker gewesen wäre, sondern deshalb, weil er zu jener Masse von Mitläufern gehörte, die es so häufig damals gab und immer noch überall gibt, ohne deren Ignoranz und Dienstfertigkeit die Hauptverantwortlichen ihre Befehle nicht in die Tat hätten umsetzen können. Und die Wiederkehr dieser Figur ist heute am Anfang der zwanziger Jahre offensichtlich.

Doch es ließ sich diesem Eichmann nicht mal ein einziger Mord nachweisen, den er selbst eigenhändig begangen hätte. Ja, ihn trieb genauso wenig fanatischer Hass auf die Juden an. Er hatte sogar ein Gewissen, das allerdings wahrscheinlich nur ca. vier Wochen lang „normal" funktionierte, als er sich über die erste Anweisung zum Völkermord schockiert zeigte.

Das Prinzip, das seinem Leben Halt verlieh, das sehr vielen Menschen vor allem noch in einer sehr militarisierten Gesellschaft der ersten Hälfte des 20. Jahrhunderts Halt verleiht, das war die Tugend des Gehorsams, die eine lange Tradition im Abendland hat. Es handelt sich bei Eichmann auch nicht um Kadavergehorsam, wie ihn Hans Mommsen ausdifferenzieren möchte. Dazu ergriff Eichmann ja durchaus Eigeninitiative und war keineswegs immer mit den Befehlen der Vorgesetzten einverstanden. Als der Chef der SS im Herbst 1944 die Mordmaschinerie in den Vernichtungslagern stoppte, um die noch lebenden Juden als Faustpfand gegenüber den Alliierten zu verwenden, empörte dies Eichmann. Doch wiederum, so Arendt, trieb ihn hier nicht etwa Fanatismus, Judenhass etc., sondern sein besagtes untertäniges Gewissen. Eichmann prägte der Gehorsam nicht gegenüber seinem unmittelbaren Vorgesetzten, sondern gegenüber dem verehrten Staatschef: Denn er wusste, dass dieser Stopp der Vernichtungsmaschinerie hinter dem Rücken der Reichskanzlei verfügt worden war. Aber Autoritätsgläubigkeit soll nicht nur bei Untertanen totalitärer Regime vorkommen, sogar nicht selten bei Philosophen. Wenn Arendt über Eichmann schreibt: „Was die niedrigen Motive betraf, so war er sich ganz sicher, dass er nicht ‚seinem inneren Schweinehunde' gefolgt war; und er besann sich ganz genau darauf, dass ihm nur eins ein schlechtes Gewissen bereitet hätte: wenn er den Befehlen nicht nachgekommen wäre und Millionen von Männern, Frauen und Kindern nicht mit unermüdlichem Eifer und peinlichster Sorgfalt in den Tod transportiert hätte."[1] Dann vollendet sich darin Max Webers Anweisung an den Untertanen von 1919, dass der Beamte auch einen ihm falsch erscheinenden Befehl Folge zu leisten habe. Just darin liege das Ethos des verantwortungslosen Untergebenen, genauer des gewissenlosen Untertan, der sich zudem daran ergötzt, Ungehorsame zur Unterwerfung zu zwingen, eine Figur, die es immer noch gibt.

---

[1] Arendt, Eichmann in Jerusalem- Ein Bericht von der Banalität des Bösen (1963), 14. Aufl. München 2005, 98

Das Erschreckende, das Arendt formuliert und das zahlreiche empörte Widersprüche auch von guten Freunden hervorrief, so dass sie gar an eine Verschwörung glaubte, war nicht nur, dass Arendt dem Massenmörder durchgängig Alltagsqualitäten bescheinigte, die damals mehr noch als heute als Tugenden galten. Auch jenen SS-Chef hält Arendt nicht nur für einen normalen Menschen, schlimmer noch sie zeichnet ihn mit den Prädikaten ‚Spießer' und ‚guter Familienvater', aus, der seine Mitarbeiter für ähnliche Figuren hielt und der sich ja in einer berüchtigten Rede darüber Sorge machte, dass man seinen Untergebenen nicht zu viel Massenmord zumuten dürfe, auch wenn er versuchte, ihnen dabei Mut zuzusprechen.

Vor allem unter totalitären Bedingungen und vor dem Hintergrund der entstehenden großen Apparate hat die Familie für Arendt sogar ziemlich fatale Entwicklungen beschleunigt. Wenn sich der einzelne angesichts der Unübersichtlichkeit der Strukturen in Massengesellschaften weder in der Politik noch in der Arbeitswelt mehr für öffentliche Angelegenheiten verantwortlich fühlt, braucht er sich nur noch um seine Familie zu kümmern. Jede unmoralische Handlungsweise gewinnt Legitimität dadurch, dass sie der Familie dient, der Zukunft der Kinder. Diese rein private Existenz kennt keine öffentliche Tugend mehr und markiert genau damit jenen Spießer, der sich bei Eichmann und dessen Vorgesetztem herauskehrte. Anders als es sich Bernard de Mandeville vorstellte, führt das private Laster, also die Verfolgung allein der familiären Interessen, gerade nicht automatisch zur öffentlichen Tugend, sondern ins Verbrechen. Umso schlimmer, wenn sich dabei im liberalen Sinn auch noch der ökonomische Gewinn maximiert.

Arendt kritisiert denn auch den Liberalismus, dass es ihm nicht gelungen sei, die Trennung von Privatheit und Öffentlichkeit wirklich zu realisieren, die sie selber fordert. Weniger aber unterwandert die Öffentlichkeit die Privatsphäre, als dass private Interessen sich für politische ausgeben, was besonders für den Totalitarismus gilt, der alle Öffentlichkeit erstickt. Arendt stützt ihre Analyse der totalen Herrschaft auf eine Perspektive, die vom Vordenker des modernen Staates, Thomas Hobbes bis zu Karl Marx reicht, und die der liberalen wie der sozialistischen Politik den Charakter der Biopolitik verleiht – um mit Michel Foucault zu sprechen – d.h., dass sich die Politik primär um die Versorgung der Bevölkerung und um deren Entwicklung, somit um die Ökonomie und die Gesundheit kümmert, aber nicht mehr um das Gute, was Arendt am Liberalismus ähnlich wie Strauss moniert. Arendt schreibt: „Ausdrücklich wird der neuen Gesellschaft von ihrem größten Theoretiker <Hobbes> vorgeschlagen, den Bruch mit allen abendländischen Traditionen zugleich zu vollziehen. Er hat damit das Verhalten der Bourgeoisie wie des von ihr erzeugten Mobs in grandioser Weise vorgezeichnet, wie schließlich das, was man gemeinhin unter dem Untergang des Abendlandes versteht."[1]

Unter solchen Bedingungen transformieren sich Tugenden, Werte und Normen im Grunde in ihr negatives Pendant, geraten sie in Perspektiven des Bösen, was umso gefährlicher wird, weil viele das gar nicht merken, sondern sich immer noch auf der Seite des Guten sehen, beispielsweise des sogenannten deutschen Vaterlandes, ihrer Gesellschaft, ihrer Klasse. Das privatisierte Gute aber läuft politisch aus dem Ruder. Trotzdem hält Arendt an der Frage nach dem Guten nicht im Sinne jener Traditionen fest, die das Individuum wie bei Strauss der Gemeinschaft unterordnen. Für Arendt verkörpert dagegen das Gute die politische Freiheit des Individuums, da sich

---

[1] Arendt, Elemente und Ursprünge totaler Herrschaft (1951), 323

jede Gesellschaft und jede Öffentlichkeit aus Individuen pluralistisch zusammensetzt, was der Totalitarismus generell und teilweise auch der Liberalismus ob seiner biopolitischen bzw. ökonomischen Orientierung auszuheben trachten.

Diese Transformation des Guten in das Böse beschleunigt sich noch durch eine andere Entwicklung. Eichmann war weder dumm noch ein notorischer Bösewicht. Er konnte nur eines nicht, nämlich denken. Das klingt arrogant, stammt dieser Vorwurf denn auch aus der philosophischen Giftküche Martin Heideggers, der ja Wissenschaft und Philosophie attestiert, nicht zu denken. Deswegen können sich natürlich auch viele betroffen fühlen und sollen sie auch. Just dieser Mangel ließ Eichmann zu einem der größten Verbrecher des Jahrhunderts werden. Arendt schließt an Heidegger an, wenn sie die Unfähigkeit zu denken sogar hochintelligenten Menschen zuschreibt, die dadurch nicht etwa in ihrem Leben scheitern, sondern im Gegenteil beruht deren beruflicher Erfolg just auf dieser Gedankenlosigkeit: man muss nur hübsch gehorchen und nicht darüber nachdenken.

Aus solcher Gedankenlosigkeit entspringt denn das Böse als ein Oberflächenphänomen, als Banalität und Alltäglichkeit, nicht aus sadistischen Trieben, nicht aus satanischen Fantasien, nicht aus einem teuflischen Wesen und kann sich daher mit einem Großteil der traditionellen Tugenden vom Gehorsam über die Treue bis hin zum Pflichtbewusstsein verbinden: Wer nicht nachdenkt, bemerkt nicht, was er gehorsam, treu und pflichtbewusst im Dienst der Familie, vor allem der Kinder alles anstellt.

Nicht allein dass die Banalität viele normale Gesichter hat. Arendt verschärft diese These 1963 sogar noch in ihrer Schrift *Über die Revolution*: Seit Rousseau versteht man gemeinhin unter dem Bösen Selbstsucht und Heuchelei, während das Gute dem angeborenen Gefühl entspringt, mit leidenden Menschen mitzuleiden, wovon es heute viel zu viel gibt. Denn so einfach darf man Gut und Böse nicht mehr unterscheiden. Montesquieu bemerkte schon, dass es auch zu viel des Guten geben könne: den Terror der Moralisten von Robespierre bis zum modernen Gesundheitswesen, das hinsichtlich der Lebensführung längst die Rolle des religiösen Glaubens übernommen hat, und das mit der Solidargemeinschaft und dem Gemeinwohl argumentiert, ja sogar zur Diktatur neigt und sich dazu allemal legitimiert sieht, ist die Gesundheit doch wichtiger als Menschenrechte. Für Arendt besitzt das Gute selbst daher eine inhärente Neigung, ins Böse umzuschlagen. Arendt schreibt: „Das Gute ist stark, stärker als das ‚elementar Böse', darum teilt es mit diesem Bösen auch die elementare Gewalttätigkeit, zu der alle Stärke neigt und die allen Formen politischer Organisation zum Unheil ausschlägt."[1]

6. Das Gute rings um Gut und Böse herum

Schon seit längerem lässt sich nicht mehr selbstverständlich über das Gute und das Böse reden: Gutes transformiert sich gerade in der Politik, aber auch in der Ethik unversehens in Böses und umgekehrt – man denke an den Gehorsam, die preußischen Tugenden, die Ehrlichkeit gerade in der Politik, aber auch an das Engagement, das Helfersyndrom, die freie Liebe, an Appelle gegen das Rauchen. Unter den Nazis galt als gut und richtig, zu applaudieren, wenn die Nachbarn deportiert wurden. Normal war, sich unwürdig zu benehmen.

Lassen sich solche deformierten Tugenden, die oszillierenden Vorstellungen vom ethisch Guten unter Bedingungen der technischen Welt und der großen Bürokratien und Apparate trotzdem wiederherstellen und stabilisie-

---

[1] Arendt, Über die Revolution, München 1963, 111

ren? Jenseits der schwer nachvollziehbaren Perspektive einer absoluten überzeitlichen Gültigkeit des ethisch Guten, bliebe im Anschluss an Leo Strauss höchstens zu fragen, ob sich die im Zeitalter nicht nur der Emanzipation von Schwarzen und Frauen, sondern auch von Homosexuellen pluralisierte Idee des Guten wieder versammeln oder vereinen lässt. D.h. worauf kann sich eine Suche nach einheitlichen oder wenigstens gemeinsamen, also politischen Vorstellungen vom ethisch Guten denn überhaupt noch stützen? Bleibt hier letztlich nur der übergreifende Konsens übrig, den Rawls skizziert? Oder das Weltethos, wie es Hans-Küng rekonstruiert hat nämlich „dass sich in den Lehren der Religionen ein gemeinsamer Bestand von Kernwerten findet"[1]? Just das ergibt denn den Kern eines menschheitlichen Ethos. Aber könnte sich das nicht verändern? Könnten nicht neue Werte entstehen und dazukommen, einerseits in Konkurrenz, einerseits ergänzend. Könnte es gleichzeitig gegensätzliche Werte in einem solchen Kernbestand von menschheitlichen ethischen Werten geben? Damit wäre indes auch noch nicht geklärt, welche Bedeutung diese dann für die Bürgerin hätten.

Wenn die Rückkehr zu alten Gewissheiten im Sinne von Strauss eher fragwürdig erscheint, muss man sich dann nicht wirklich auf die Suche nach neuen ethischen Orientierungen machen? Vielleicht – gar nicht so unwahrscheinlich – kehren darin so manche alte wieder, was wahrscheinlich kein Fehler wäre, da die Alten nicht unbedingt klüger, aber auch nicht dümmer sein müssen. Weniger dass dadurch Nietzsche doppelt recht behielte, aber es handelte sich wohl um die rationalste Interpretation der Idee einer stabilen Konzeption des Guten, die im Anschluss an Arendt nämlich nur durch ihre Wandelbar-

---

[1] Hans Küng, (Hrsg.), Dokumentation zum Weltethos, München 2002, 16

keit so etwas wie Stabilität gewinnt, wenn sie sich immer wieder erneut anschickt, dem Bösen zu widerstreiten. Ja, etwas Gutes muss gerade in der Politik in der Lage sein, in sich selbst das Böse zu identifizieren, um dem schwankenden Spiel von Gut und Böse wirklich gerecht zu werden – man denke hierbei an den Irak-Krieg der Bush-Administration als negatives Beispiel, die im Hinblick auf Gut und Böse in der Politik über ein mangelndes Reflexionsvermögen verfügte.

Als die Biologie um 1900 den Begriff des Gens einführte, dachte man an einen unwandelbaren harten Kern des Lebens. Zwischenzeitlich hat sich dieses Gen als ein höchst flexibler und wandelbarer Kopiermechanismus herausgestellt, dem Stabilität allein seine Bewegung verleiht, also letztlich Wiederholungen, die nie dieselben sein können. Als etwas Ähnliches muss man sich das Gute wohl auch vorstellen, das sich seines Wesens gerade in der Politik nur dann zu versichern vermag, wenn es selbst erkennt, wo es zu viel von ihm geben könnte. Nicht naiv darf sich das Gute durchsetzen und sich dabei womöglich noch der Gewalt bedienen, sondern hoch reflektiert muss es die eigene primär negative Dialektik bedenken. Im Sinne von Rawls übergreifendem Konsens, muss eine religiöse, politische oder wissenschaftliche Weltanschauung im Hinblick auf das Gute ihre eigene beschränkte Reichweite und Kompetenz einsehen, also auf Selbstgewissheit, missionarischen Eifer und Bevormundung verzichten, um als vernünftig anerkannt zu werden. Man kann Kants berühmten Worten, mit denen er den ersten Abschnitt der *Grundlegung zur Metaphysik der Sitten* 1785 beginnt[1], heute nur noch nachhaltiger widersprechen, wenn das Gute selbst sowohl in der Ethik, aber allemal in der Politik in gar keiner Reinform und ohne Einschränkungen mehr aufzutreten vermag.

---

[1] Kant, Grundlegung zur Metaphysik der Sitten, (1785), 393 (zit. 158)

NACHWORT
ARENDT UND DIE ZIVILGESELLSCHAFT

Arendt war keine Feministin, ja nicht mal besonders für die Emanzipation der Frauen engagiert, spielt der Begriff der Emanzipation bei ihr generell keine große Rolle. In der Tat hatte sie andere Probleme, nämlich den Antisemitismus und den Nationalsozialismus. Sie erlebte die konservativ oder christdemokratisch begründete Nachkriegsdemokratie, die alles andere als emanzipatorisch aufgestellt war, die ihr selbst aber auch nicht allzu demokratisch erschien, so dass sie sich um einen anderen kommunikativen Demokratie-Begriff bemühte. Trotzdem inspirierten sie die Bürgerrechtsbewegung in den USA und die Protestbewegungen der sechziger Jahre wenig, stand sie diesen eher kritisch gegenüber. Von der zweiten Frauenbewegung, die in den frühen siebziger Jahren startete, die de Beauvoir inspirierte und begleitete, bekam sie nicht mehr allzu viel mit.

In Hinblick auf die Liebe war Arendt denn auch eher traditionell eingestellt und nicht wie de Beauvoir promiskuiv. Rosa Luxemburg, über die Arendt einen Essay schreibt, gehörte noch zu den Frauen, für die es nur einen Mann im Leben gebe, was zumindest seriell verstanden auch für sie selbst galt. Als Hermann Broch sie zu verführen versuchte, wollte sie die Ausnahme bleiben. Aber indem sie sich als Studentin mit dem damaligen philosophischen Shooting Star Heidegger einließ, führt sie vor, dass die Ehe für sie ein Mittel, kein Zweck ist. Durch sie hatte man auf der Flucht gewisse Erleichterungen, was ja zum Überleben auch dringend nötig war. Lou von Salomé beispielsweise heiratete einige Jahrzehnte vorher nur, damit sie sich frei bewegen konnte.

Die sozialen Zwänge des 19. Jahrhunderts endeten in den Verwüstungen des ersten Weltkriegs. Die kurzen goldenen Zwanziger endeten im sozialen Terror der Nazis, im Neid der zu kurz gekommenen Familienväter, die allen ihr Schicksal oktroyieren wollten. Mit diesem Typus des biederen Untertanen hatte es Arendt zeitlebens zu tun. Es muss nicht verwundern, dass das ihr zentrales Thema wurde. Wie überlebt man in einer autoritären antisemitischen Gesellschaft? In *The Origins of Totalitarianism* stehen sich der menschliche Kommunikationsbedarf auf Grund der gegenseitigen Unterschiedlichkeit und der Terror von Geheimpolizei und Konzentrationslager gegenüber, die den Menschen auf das nackte Leben reduzieren, wenn er keine Einzigartigkeit und keine Menschenrechte besitzt, sondern nur auf einen Körper mit einer Nummer reduziert ist wie heute auf einen genetischen Code, wenn ihm im Ausnahmezustand Menschenrechte vorenthalten werden. Wenn Richard Rorty als Leittypen der Kriegergesellschaft den Krieger und den Priester ausmacht, so ist ersterer exakt das Modell des gehorsamen Untertanen, beruht das militärische Dispositiv auf nichts anderem als auf Gehorsam durch den Drill perfektioniert, wie ihn Foucault 1975 in *Überwachen und Strafen* schildert.

Politik, die Carl Schmitt entwirft, beruht auf der reinen, rechtlosen Gewalt, die die Menschen zu solchen Untertanen macht, die blind gehorchen, egal was man ihnen befiehlt. Nur derart – das hat auch Max Weber betont – funktioniert der bürokratische Apparat als rationalisierte Herrschaft, steht die Vernunft in diesen Diensten, die die Untertanen übernehmen müssen – eine Struktur, die sich immer wieder fortschreibt gerade in einer Welt der *entmündigenden Expertenherrschaft*, wie sie Ivan Illich beschreibt: „Die neuen Spezialisten (. . .) kommen gern im Namen der Liebe daher und bieten irgendeine Form der Fürsorge an. Ihre Zünfte sind tiefer verfilzt als eine byzantinische Bürokratie, internationaler organisiert als eine Weltkirche und stabiler als jeder Gewerkschaftsbund, dazu ausgestattet mit umfassenderen Kompetenzen als jeder Schamane und rücksichtsloser in der Ausbeutung ihrer Schützlinge als die Mafia."[1]

Was Arendt in *The Origins of Totalitarianism* und im Eichmann-Bericht beschreibt, ist die moderne Form der Biopolitik, die nicht mehr allein durch Gehorsam entmündigt, sondern durch die Reduktion des Menschen auf seine rechtlose Körperlichkeit, die sozial überwacht und medizinisch angeschlossen wird. Arendt selbst hatte das als Staatenlose erlebt, denen niemand den Status eines Rechte besitzenden Menschen attestieren wollte, die aber natürlich zu allem verpflichtet werden konnten, was staatliche Bürokratien von ihnen wollten.

Darum haben sich weite Teile der politischen Philosophie nicht gekümmert, sondern weiterhin nur darum, wie sich Herrschaft legitimiert und wie man die unmündigen Menschen lenkt und ihrer tierischen Existenz einen höheren Sinn verleiht, dessen Leben nach Schmitt nur im Staat einen Wert erhält. Umgekehrt aber gehört das Individuum dem Staat, der sich als legitimiert betrachtet, das Leben umfassend zu lenken. Arnold Gehlen und Peter Sloterdijk entwickeln dementsprechende Züchtungsphantasien. Macht kommt dann – gleichgültig ob bei Trotzki oder bei Leo Strauss – aus den Gewehrläufen: ersterer beruft sich auf die Interessen des Proletariats, letzterer auf die abendländischen Traditionen, die durch Jerusalem und Athen gestiftet wurden.

---

[1] Ivan Illich, Entmündigung durch Experten – Zur Kritik der Dienstleistungsberufe (1977); in ders., Fortschrittsmythen, Reinbek 1983, 37

Dem setzt Arendt nicht nur einen anders konstituierten Machtbegriff entgegen, den sie selbst im Kern nicht wirklich partizipatorisch denkt, der aber darauf hinausläuft, dass sich Politik nicht mehr ausschließlich Top-down realisiert, sondern Bottom-up entscheidende Impulse erhält, die Gesellschaft und Politik verändern. Insofern hat Arendt die politische Philosophie speziell der Bürgerrechtsbewegung oder der Emanzipationsbewegungen seit den siebziger Jahren geschrieben. Aber Arendt stand dem radikalen Marxismus der Achtundsechziger sehr skeptisch gegenüber und umgekehrt wollten die radikalen Studenten schließlich die sozialistische Revolution und keine partizipatorische liberale Demokratie. Im Nachhinein aber passt Arendts Denke zu dem, was Jan-Werner Müller schreibt: „Gleichzeitig glaubten immer weniger Menschen daran, dass sich Gesellschaften durch kollektives politisches Handeln nach Belieben selbst verändern könnten, sei es innerhalb oder außerhalb politischer Institutionen wie Parlamenten. Nicht mehr die kollektiven sondern die individuellen Veränderungsprozesse waren es, die jetzt zählten. Die Ereignisse wie auch das Denken von 68 und danach stellten traditionelle Begriffe des Politischen in Frage (. . .).“[1]

Just dieser politische Individualismus, den Arendt so nicht benennt und mit dem sie in dieser Form wahrscheinlich auch nur wenig anfangen konnte – sie bleibt doch Aristotelikerin, wenn in der Antike vom Individuum noch keine Rede ist – lässt sich auf die politische Philosophie Arendts aufsetzen, liefert diese jenem eine theoretische Basis, vor allem dort, wenn Arendt in *Über die Revolution* 1963 und in ihrem Spätwerk *Vom Leben des Geistes* nach politischen Strukturen fahndet, die dem Gewaltstaat wiederstreiten, wenn dieser sich 200 Jahre

---

[1] Jan-Werner Müller, Das demokratische Zeitalter – Eine politische Ideengeschichte Europas im 20. Jahrhundert, Berlin 2013, 334

lang auf den Untertan stützte und dabei eine Situation schuf, die Charles Taylor umschreibt: „Die Revolten der Jungen während der ‚Sechziger' richteten sich tatsächlich gegen ein ‚System', das Kreativität, Individualität und Phantasie erstickte."[1]

Arendt sucht letztlich nach politischen Strukturen sowie individuellen Tugenden und Kompetenzen, die die Bürgerinnen in einer Demokratie brauchen, in der sie Ansprüche auf Teilhabe formulieren. Dazu gehört die Vorstellungskraft, um sich vorzustellen, was man anstellt, um dafür auch die Verantwortung übernehmen zu können, anders als jener Untertan in Jerusalem und überall. Dazu braucht die Bürgerin vor allem Kants reflektierende Urteilskraft, da sie nun in einer Welt lebt, in der es keine gemeinsamen obersten Werte mehr gibt, auch wenn heute plötzlich viele meinen, es wäre das nackte Leben. Dazu muss die Bürgerin darüber nachdenken, was nicht unmittelbar evident ist und nicht auf der Hand liegt, also Zusammenhänge eruieren, die politische Ideologien und Religionen gemeinhin zu verschleiern trachten. Und dazu braucht die Bürgerin wiederum Kants erweiterte Denkungsart, nicht nur um sich in andere hineinzuversetzen, sondern auch um die Schleier der Ideologien zu lüften, ihre Logiken zu durchschauen. Was man damit freilich nicht betreiben sollte – was Arendt gar nicht in den Sinn kam – nämlich indem man an der Stelle eines anderen denkt, könnte man ihn auch leicht bevormunden, wie es ja heute überall fleißig geschieht und worauf Ivan Illich so treffend hinweist.

---

[1] Charles Taylor, Ein säkulares Zeitalter (2007), Frankfurt/M. 2009, 793

Literatur

Giorgio AGAMBEN, Homo sacer – Die souveräne Macht und das nackte Leben (1995), 10. Aufl. Frankfurt/M. 2015

Ders., Ausnahmezustand – Homo sacer II.1 (2003), Frankfurt/M. 2004

Ders., Herrschaft und Herrlichkeit – Zur theologischen Genealogie von Ökonomie und Regierung (Homo sacer II.2) (2007), Frankfurt/M 2010

Hannah ARENDT, Rahel Varnhagen – Lebensgeschichte einer deutschen Jüdin aus der Romantik (1933, 1938; 1958), 12. Aufl. München 2003

Dies., Organisierte Schuld (1944); in: dies., Die verborgene Tradition – Essays, Frankfurt/M. 2000

Dies., Elemente und Ursprünge totaler Herrschaft (1951), 9. Aufl. München 2003

Dies., Verstehen und Politik (1953), Zwischen Vergangenheit und Zukunft – Übungen im politischen Denken I (1968), 2. Aufl. München 2000

Dies., Vita activa oder Vom tätigen Leben (1958), 11. Aufl. München, Zürich 1999

Dies., Kultur und Politik (1958), in: dies., Zwischen Vergangenheit und Zukunft – Übungen im politischen Denken I (1968), 2. Aufl. München 2000

Dies., Freiheit und Politik (1958); in: dies.: Zwischen Vergangenheit und Zukunft – Übungen im politischen Denken I (1968), 2. Aufl. München 2000

Dies., Karl Jaspers; in: Karl Jaspers, Wahrheit, Freiheit und Friede, München 1958

Dies., Eichmann in Jerusalem – Ein Bericht von der Banalität des Bösen (1963), 14. Aufl. München 2005

Dies., Über die Revolution, München 1963

Dies., Wahrheit und Politik (1964); in: dies., Zwischen Vergangenheit und Zukunft – Übungen im politischen Denken I (1968), 2. Aufl. München 2000

Dies., Über das Böse (1965/6), München 2006

Dies., Die Freiheit, frei zu sein (ca. 1967), München 2018

Dies., Zwischen Vergangenheit und Zukunft – Übungen im politischen Denken I (1968), 2. Aufl. München 2000

Dies. Menschen in finsteren Zeiten (1968), 2. Aufl. München 1989

Dies., Macht und Gewalt (1970), 15. Aufl. München, Zürich 2003

Dies., Über den Zusammenhang von Denken und Moral (1971); in: dies., Zwischen Vergangenheit und Zukunft – Übungen im politischen Denken I (1968), 2. Aufl. München 2000

Dies., Diskussion auf einer Tagung in Toronto im November 1972; in: dies., Ich will verstehen – Selbstauskünfte zu Leben und Werk, 3. Aufl. München 2007

Dies., Vom Leben des Geistes (1973-75): Das Denken – Das Wollen, 2 Aufl. München 2002

Dies., Das Urteilen – Texte zu Kants politischer Philosophie (1982), München, Zürich 1998

Dies., Über Kants politische Philosophie (1970); in: dies., Das Urteilen – Texte zu Kants politischer Philosophie (1982), München, Zürich, 1998

Dies., Das Urteilen – Texte zu Kants politischer Philosophie (1982), München, Zürich 1998

ARISTOTELES, Politik, München 1973

Dirk AUER, Lars RENSMANN, Julia SCHULZE WESSEL (Hrsg.), Arendt und Adorno, Frankfurt/M. 2003

Georges BATAILLE, Nietzsche und der Wille zur Chance – Atheologische Summe III (1945), Berlin 2005

Simone de BEAUVOIR, Für eine Moral der Doppelsinnigkeit (1947); in: dies., Soll man de Sade verbrennen? Reinbek 1997

Dies. Das andere Geschlecht – Sitte und Sexus der Frau (1949), 5. Aufl. Reinbek 2005

Ulrich BECK, Die Erfindung des Politischen, Frankfurt/M. 1993

Seyla BENHABIB, Identität, Perspektive und Erzählung in Hannah Arendts *Eichmann in Jerusalem*; in: Gary Smith (Hrsg.), Hannah Arendt Revisited: ‚Eichmann in Jerusalem' und die Folgen, Frankfurt/M. 2000

Walter BENJAMIN, Zur Kritik der Gewalt (1921) und andere Aufsätze, Frankfurt/M. 1965

Ders., Ursprung des deutschen Trauerspiels (1928), Gesammelte Schriften Bd. I.1, Frankfurt/M. 1972

Philipp BLOM, Böse Philosophen – Ein Salon in Paris und das vergessene Erbe der Aufklärung, München 2011

Judith BUTLER, Das Unbehagen der Geschlechter (1990). Frankfurt/M. 1991

Dies., Kritik der ethischen Gewalt (2002), Frankfurt/M. 2003

Dies., Am Scheideweg – Judentum und die Kritik am Zionismus (2012), Frankfurt, New York 2013

Dies. Anmerkungen zu einer performativen Theorie der Versammlung, Berlin 2016

Albert CAMUS, L'Homme révolté (1951); dt. Der Mensch in der Revolte (1951), Reinbek 1969

Adriana CAVARERO, Relating Narratives, London 1997

Jacques DERRIDA, Gesetzeskraft – Der ‚mystische Grund der Autorität' (1990), Frankfurt/M. 1991

John DEWEY, Die Erneuerung der Philosophie (1920), Hamburg 1989

Johannes DUNS SCOTUS, Pariser Vorlesungen über Wissen und Kontingenz (um 1300), Freiburg i.Br. 2005

Michel FOUCAULT, Überwachen und Strafen – Die Geburt des Gefängnisses (1975), Frankfurt/M 1977

Ders., Die Regierung des Selbst und der anderen, Vorlesung am Collège de France 1982/83, Frankfurt/M. 2009

Heinrich GEISELBERGER (Hrsg.), Die große Regression – Eine internationale Debatte über die geistige Situation der Zeit, Berlin 2017

Jürgen HABERMAS, Strukturwandel der Öffentlichkeit – Untersuchungen zu einer Kategorie der bürgerlichen Gesellschaft (1962), 8. Aufl., Neuwied/Berlin 1976

Ders., Theorie des kommunikativen Handelns, Bd. 1, Frankfurt/M. 1981

Ders., Wahrheit und Rechtfertigung, Frankfurt/M. 1999

Barbara HAHN, Hannah Arendt – Leidenschaften, Menschen und Bücher, Berlin 2005

Yuval Noah HARARI, Homo Deus – Eine Geschichte von Morgen, München 2017

G.W.F. HEGEL, Grundlinien der Philosophie des Rechts (1820), Theorie Werkausgabe Bd. 7, Frankfurt/M. 1970

Martin HEIDEGGER, Was heißt Denken? (1951-52), 4. Aufl. Tübingen 1984

Stéphane HESSEL, Empört Euch! (2010), Berlin 2011,

Max HORKHEIMER, Theodor W. ADORNO, Dialektik der Aufklärung (1947), Frankfurt/M. 1971

Detlef HORSTER (Hrsg.), Das Böse neu denken – Hannah Arendt-Lectures und Hannah Arendt-Tage 2005, Weilerswist 2006

Ivan ILLICH, Entmündigung durch Experten – Zur Kritik der Dienstleistungsberufe (1977); in ders., Fortschrittsmythen, Reinbek 1983

Karl JASPERS, Der philosophische Glaube (1948), München 1954

Ders., Vom Ursprung und Ziel der Geschichte, München 1949

Hans JONAS, Organismus und Freiheit - Ansätze zu einer philosophischen Biologie (1966), Göttingen 1973, 338 (Neuauflage: Das Prinzip Leben, Frankfurt/M., Leipzig 1994)

Ernst JÜNGER, Der Arbeiter – Herrschaft und Gestalt (1932), Stuttgart 1982

Dirk KAESLER, Max Weber – Preuße, Denker, Muttersohn. Eine Biographie, München 2014

Immanuel KANT, Grundlegung zur Metaphysik der Sitten, (1785), Akademie Ausgabe Bd. VI, Berlin 1968, 393

Ders., Kritik der Urteilskraft (1790), Akademie Ausgabe Bd. V, Berlin 1968

Hans KÜNG, (Hrsg.), Dokumentation zum Weltethos, München 2002

Emmanuel LÉVINAS, Totalität und Unendlichkeit – Versuch über Exteriorität (1961), Freiburg, München 1987

Niccolò MACHIAVELLI, Der Fürst (1513 / 1532), Wiesbaden 1980

Alasdair MACINTYRE, Verlust der Tugend – Zur moralischen Krise der Gegenwart (1981), Frankfurt/M. 1987

Oliver MARCHART, Neu beginnen. Hannah Arendt, die Revolution und die Globalisierung, mit einem Vorwort von Linda Zerilli, Wien 2005

Paul MASON, Postkapitalismus – Grundrisse einer kommenden Ökonomie (2015), Berlin 2016

Timothy W. MASON, Arbeiterklasse und Volksgemeinschaft – Dokumente und Materialien zur deutschen Arbeiterpolitik 1936–1939, Opladen 1975

Ders., Sozialpolitik im Dritten Reich – Arbeiterklasse und Volksgemeinschaft, Opladen 1977

Charles de Secondat Baron de MONTESQUIEU, Vom Geist der Gesetze (1748), Stuttgart 1965

Jan-Werner MÜLLER, Das demokratische Zeitalter – Eine politische Ideengeschichte Europas im 20. Jahrhundert, Berlin 2013

Oskar NEGT, Der politische Mensch – Demokratie als Lebensform, Göttingen 2010

Friedrich NIETZSCHE, Also sprach Zarathustra (1882-84), Kritische Studienausgabe (KSA) Bd. 4, München, Berlin, New York 1999

PLATON, Politeia, übers. v. Friedrich Schleiermacher, Werke Bd. 3, Hamburg 1958

Jacques RANCIÈRE, Das Unvernehmen – Politik und Philosophie (1995), Frankfurt/M. 2002

John RAWLS, Eine Theorie der Gerechtigkeit (1971), Frankfurt/M. 1979

Ders., Gerechtigkeit als Fairness – politisch und nicht metaphysisch (1985); in: ders., Die Idee des politischen Liberalismus – Aufsätze 1978-1989, 2. Aufl. Frankfurt/M. 1997

Ders., Politischer Liberalismus (1993), Frankfurt/M. 1998

Gerechtigkeit als Fairness – Ein Neuentwurf (2001), Frankfurt/M. 2003

Richard RORTY, Kontingenz, Ironie und Solidarität (1989), Frankfurt/M. 1992

Martin SAAR, Die Immanenz der Macht – Politische Theorie nach Spinoza, Berlin 2013

Jean-Paul SARTRE, Die Fliegen (1943), Gesammelte Dramen, Hamburg 1969

Ders., Vorwort zu: Frantz Fanon, Die Verdammten dieser Erde (1961), Reinbek bei Hamburg 1969

Carl SCHMITT, Politische Theologie – Vier Kapitel zur Lehre von der Souveränität, (1922) 3. Aufl. Berlin 1979

Ders., Der Begriff des Politischen (1927); in: ders., Frieden oder Pazifismus? Arbeiten zum Völkerrecht und zur internationalen Politik 1924-1978, Berlin 2005

Hans-Martin SCHÖNHERR-MANN, Die Technik und die Schwäche – Ökologie nach Nietzsche, Heidegger und dem 'schwachen Denken', Vorwort v. Gianni Vattimo, Edition Passagen, Wien 1989

Ders., Von der Schwierigkeit, Natur zu verstehen – Entwurf einer negativen Ökologie, S. Fischer-Verlag Reihe Perspektiven, Frankfurt/M. 1989

Ders., Politik der Technik – Heidegger und die Frage der Gerechtigkeit, Edition Passagen, Wien 1992

Ders., Leviathans Labyrinth – Politische Philosophie der modernen Technik – Eine Einführung, Wilhelm Fink Verlag, München 1994

Ders., Postmoderne Perspektiven des Ethischen – Politische Streitkultur, Gelassenheit, Existentialismus, Wilhelm Fink Verlag, München 1997

Ders. Politischer Liberalismus in der Postmoderne - Zivilgesellschaft, Individualisierung, Popkultur, Wilhelm Fink Verlag München 2000

Ders., Das Mosaik des Verstehens – Skizzen zu einer negativen Hermeneutik, edition fatal München 2001

Ders., Miteinander leben lernen – die Philosophie und der Konflikt der Kulturen, Piper Verlag München, Zürich 2008

Ders., Der Übermensch als Lebenskünstlerin – Nietzsche, Foucault und die Ethik, Matthes & Seitz Berlin 2009

Ders., Globale Normen und individuelles Handeln – Die Idee des Weltethos aus emanzipatorischer Perspektive, Königshausen & Neumann Würzburg 2010

Ders., Die Macht der Verantwortung, Freiburg, Alber München 2010

Ders., Was ist politische Philosophie? Campus Frankfurt/M., New York 2012

Ders., Protest, Solidarität und Utopie – Perspektiven partizipatorischer Demokratie, edition fatal München 2013

Ders., Gewalt, Macht, individueller Widerstand – Staatsverständnisse im Existentialismus, Bd. 77 Reihe Staatsverständnisse, Nomos Baden-Baden 2015

Ders., Albert Camus als politischer Philosoph, Interdisziplinäre Forschungen 26, Innsbruck University Press 2015

Ders., Untergangsprophet und Lebenskünstlerin – Über die Ökologisierung der Welt, Matthes & Seitz Berlin 2015

Ders., Involution oder Revolution – Vorlesungen über Medien, „Bildung und Politik" an der Universität Innsbruck 2013-17, BoD Norderstedt 2017

Ders., Das Blau des Sprachspiels – Wittgenstein und die politische Philosophie – Vorlesungen am Geschwister-Scholl-Institut 2003/2004, BoD Norderstedt 2017

Ders., Michel Foucault als politischer Philosoph, Innsbruck 2018

Ders., Dekonstruktion als Gerechtigkeit – Jacques Derridas Staatsverständnis und politische Philosophie, Baden-Baden 2019

Ders., Richard Rortys politische Philosophie – Erläuterungen zu *Kontingenz, Ironie und Solidarität*, Bod Norderstedt 2019

Ders., Friedrich Nietzsche – Leben und Denken, Wiesbaden 2020

Detlev SCHÖTTKER, Erdmut WIZISLA (Hrsg.), Arendt und Benjamin – Texte, Briefe, Dokumente, Frankfurt/M. 2006

Julia SCHULZE WESSEL, Ideologie der Sachlichkeit – Hannah Arendts politische Theorie des Antisemitismus, Frankfurt/M. 2006

Kurt SONTHEIMER, Hannah Arendt – Der Weg einer großen Denkerin, München, Zürich 2005

Georges SOREL, Über die Gewalt (Réflexion sur la violence, 1908), Innsbruck 1928

Leo STRAUSS, Anmerkungen zu Carl Schmitt, Der Begriff des Politischen (1932), Gesammelte Schriften Bd. 3 – Hobbes' politische Wissenschaft und zugehörige Schriften – Briefe, Stuttgart, Weimar 2001

Ders., Über Tyrannis – Eine Interpretation von Xenophons ‚Hieron' (1948), Neuwied, Berlin 1963

Ders., Progress or Return? (1952), in: ders., Jewish Philosophy and the Crisis of Modernity, Albany 1997, 105

Ders., Naturrecht und Geschichte (Org. Natural Right and History, 1953), Frankfurt/M. 1977

Ders., What is Political Philosophy? and other studies, New York, London 1959

Wolfgang STREECK, Die Wiederkehr der Verdrängten als Anfang vom Ende des neoliberalen Kapitalismus; in: Heinrich Geiselberger (Hrsg.), Die große Regression – Eine internationale Debatte über die geistige Situation der Zeit, Berlin 2017

Gerhard STREMINGER, David Hume – Der Philosoph und sein Zeitalter, 3. Aufl. München 2011

Charles TAYLOR, Ein säkulares Zeitalter (2007), Frankfurt/M. 2009,

Christian VOLK, Urteilen in dunklen Zeiten – Eine neue Lesart von Hannah Arendts ‚Banalität des Bösen', Berlin 2005

Annette VOWINCKEL, Hannah Arendt – Zwischen deutscher Philosophie und jüdischer Politik, Berlin 2004

Annette VOWINCKEL, Arendt, Reihe Grundwissen Philosophie, Leipzig 2006

Max WEBER, Politik als Beruf (1919), Gesammelte politische Schriften, 3. Aufl. Tübingen 1971

Ders., Der Reichspräsident (Feb. 1919), Gesammelte politische Schriften, 3. Aufl. Tübingen 1971

Alfred North WHITEHEAD, Prozess und Realität - Entwurf einer Kosmologie (1927/28), 2. Aufl. Frankfurt/M. 1984, 612

Personenregister